JN013499

スーパーで買える「肉」を最高においしく

食べる100の方法

長田絢 著
ユニ マンガ

ダイヤモンド社

本書の使い方

その① レシピ表記ルール

肉は材料表の一番上に畜種と部位（形状）で表記。
分量は2人分で、肉は２００～３００gを基本にしています。
材料表は、肉の次以降は作り方に出てくる順に並んでいます。
大さじ１＝15mℓ、小さじ１＝５mℓを使用。液体はmℓ表記、
トマトピューレのような粘度のあるものはg表記です。
「少し」は親指と人差し指でつまむくらい、
「ひとつまみ」は親指、人差し指、中指の3本の先でつまむくらい（約１g）。
「適量」はちょうどいい量を加減しながら、「適宜」はお好みで使う量を決めてください。
調理時間は、漬け込む時間、ねかせる時間、冷ます時間を除き、料理が完成するまでにかかる時間です。

その② 調理器具について

電子レンジの加熱時間は全て６００Ｗを基準にしています。
５００Ｗで調理する場合は１・２倍にしてください。
圧力鍋は塊肉の調理に便利です。本書では鍋調理を基本にしていますが、
圧力鍋が使える場合は加圧時間を記載してあります。
フライパンはフッ素樹脂加工のフライパンを使用していますが、
ステーキや揚げ物は鋳物製のフライパンをおすすめします。
蓄熱性に優れ温度がブレにくく、焼き色も美しく仕上がります。
保存には保存袋を使用。加熱や冷凍に対応をしていないものもありますので注意が必要です。
その他、肉の中心温度を計る温度計、肉の筋切りが早く深くできる筋切り器があると便利です。

その③ 調味料、油について

塩は天然塩を使用。漬けこみ用、仕上げにつけるものは粗塩、その他は細かいものを使用。
酒は塩分が含まれていない料理酒が基本。日本酒や紹興酒を使用するとさらにグレードアップ。
油はバター、オリーブ油、ごま油など以外は家庭にあるものを使ってください。
牛脂はお店でぜひ入手してください。

プロローグ 私がみっちりレクチャーしてあげる♥

例のプロジェクト私たちの企画が採用されました！
ガタ
マジ!?
おぉーーっ!!
よかったら成約祝いに週末うちで食事会しない？
私がみんなにご馳走するから
いいね
ぜひ！
17:12
あら…もうこんな時間！
私はお先に失礼するね！
おつかれさまでーす！
いつも仕事をしっかり終わらせて
定時ぴったりに帰ってく絢さんかっこいいなぁ

ピンポーン
お邪魔しまーす
えーと…かいと君とはるき君だっけ？
そうでーす！
ママは買い物中だからくつろいでて！
…お酒買ってきたから冷蔵庫借りるね
カサ…
ガチャ
!?
ギッチリ
肉ッ

??
飲み物は こっち
そっちは 肉用の冷蔵庫
肉用…?
こっち だよー
ちょっと お手洗い 借りていいかな
あっ そこは違…
ガチャ
そ〜〜っ
ズウウウウウン…

ギャーーーッ!!
あーあ…
ププーッ
お肉が好きすぎて…?
ええ…私
肉のことになると
つい見境なく
なっちゃって…
カァァァ
とりあえず包丁しまってもらえません?
どーーーん
…とにかくみんなでお肉食べましょ!
生産者さんにお願いして20キロ分仕入れておいたの♡
20キロ!?

大自然の中で楽しむジビエの丸焼きも捨て難かったけど…
わーーい
ぐる
ぐる
ぐる
ぐる
マンションの一室で楽しめる焼肉になってよかったです…
ほんとお気持ちだけで…
そう?まぁまずは身近な肉から少しずつ…よね
うふふ…
少しずつ…何する気だ…?
おい!?
まさか絢さんがこんなに肉好きだったなんて…

颯爽と仕事してる姿からは想像できない…
たしかに
デーン
むしろ逆ね
おいしいお肉を食べたいから仕事をがんばるの！
本物の肉食系女子…!!
もしかして毎日きっちり定時に仕事を終わらせて帰るのは…
早く帰ってお肉を食べるためよ!!
仕事
絢さんの仕事の速さはお肉のおかげだったのか…

でもさ普段食べるスーパーの安い肉なんてたいしたことなくない？
確かに肉なんて高ければうまいもんな
私は肉さえ食べられれば何でも～って感じですけど
ピキ…
お肉のこと…みんな全然わかってない
ぶわッ
ヒッ
絢さん!?
私がみっちりレクチャーしてあげる♡
この本を読み終わるまでこの部屋からは出られないわよ
ほん!?
なんのこと!?
外には逃さないぞ!!
イヤアアア
焼肉は!?

肉偏愛料理家、長《おさ》田《だ》絢《あや》よりごあいさつ

約20年前、ひとり暮らしの頃は、料理どころか食べることさえ興味のない生活。不規則な生活で毎日クタクタ、肌もボロボロで皮膚科通い、その上、常にダイエット中。

そんな私が出産を機に一転！　「食べることは生きること」に目覚めます。

そこで始めたのが生産者巡り。探求心の強い私は家畜現場や農家をまわり、肉や野菜についてとことん勉強しました。牛、豚、鶏はもちろん、羊、山羊、鴨、雉の現場や、ジビエ（鹿、猪）の狩猟現場にも足を運びました。見に行った先の肉を食べ続け、環境や飼料をはじめとした様々な要素で肉質が決まることを学び、肉の特徴に合わせた料理を研究し始めました。肉は栄養価も高く満腹感がある、何より本当においしくて最高！　という結論に至り、日本全国のこだわりの肉をレストランやホテルなどに販売する「ひとり肉卸業」を始めたのです。そこで様々なシェフと知り合い、さらに料理の知識が深まりました。

肉料理をきちんと食べるようになると、代謝が上がって痩せ、ボディクリーム要らずのしっとり肌、ハードな仕事や子育てとの両立にも負けない体力もつき、風邪もひかない体質になったのです。

そこで本書では、私が肉料理を独学で学び続けた濃厚な10年を、テクニックとレシピにまとめてわかりやすく解説します。コツさえつかめば誰でも失敗なし、おいしい肉料理をたくさん食べましょう！

スーパーで買える「肉」を最高においしく食べる100の方法

目次

同僚
後輩
仕事はスゴイのに…
肉修行!
肉のことはほどほどに…
定時で帰ります!
上司
助けて!
弊社に仕事ください!
取引先の部長さん
トンカツ
ステーキ
I ♥ MEAT
絢《あや》さん(32)
お肉大好き会社員のシングルマザー
肉英才教育
ママの肉料理は世界一!
長男かいと
次男はるき
肉で夫育て♡
お肉先生!
ママ友一家

1 お肉への愛があれば大丈夫！

このスーパーなかなかの品揃えよね！
私はいつもお弁当買うだけですけど…
わ♡
精肉コーナーも充実してるのね〜〜〜!!
ハァハァ
シャトーブリアンまであるっ
絢さん…
あいかわらず肉に目がない…
キャーッ
割引肉発見!!
今日はこま切れと切り落としに決まりね!!
どっちも同じように見えるんですけど…
…と思うでしょ!? 実は全然違うの！

こま切れはいろんな部位の端を集めた肉で
切り落としは同じ部位から取った肉よ※
だからこま切れのほうが安いの
こま
見た目は確かに似てるけど
使い分ければ安いお肉でもよりおいしく食べられるの！
じゅる…
まさに適材適所ね!!
うーん…でも私料理苦手だし
29日は肉の日!
使い分けとか面倒だし…
面倒臭がりでも簡単に作れるちょっとしたコツがあるの
知りたくない知りたいよね!?!?
こんな私でもおいしく調理できるんでしょうか!?

※お店によって異なります

お肉への愛があれば大丈夫!!
お肉は好きですけど絢さんほどでは…
…節約とダイエットがんばるんでしょ?
急に現実を突きつけてきますね!?
ふ…
はい実は…
一人暮らしに浮かれて外食生活をしてたら
出費どころか体重もやばくて…
安心して!今日はスゴイ食材を教えてあげる!
ス…
牛こま切れ肉をジューシーにしてくれる…

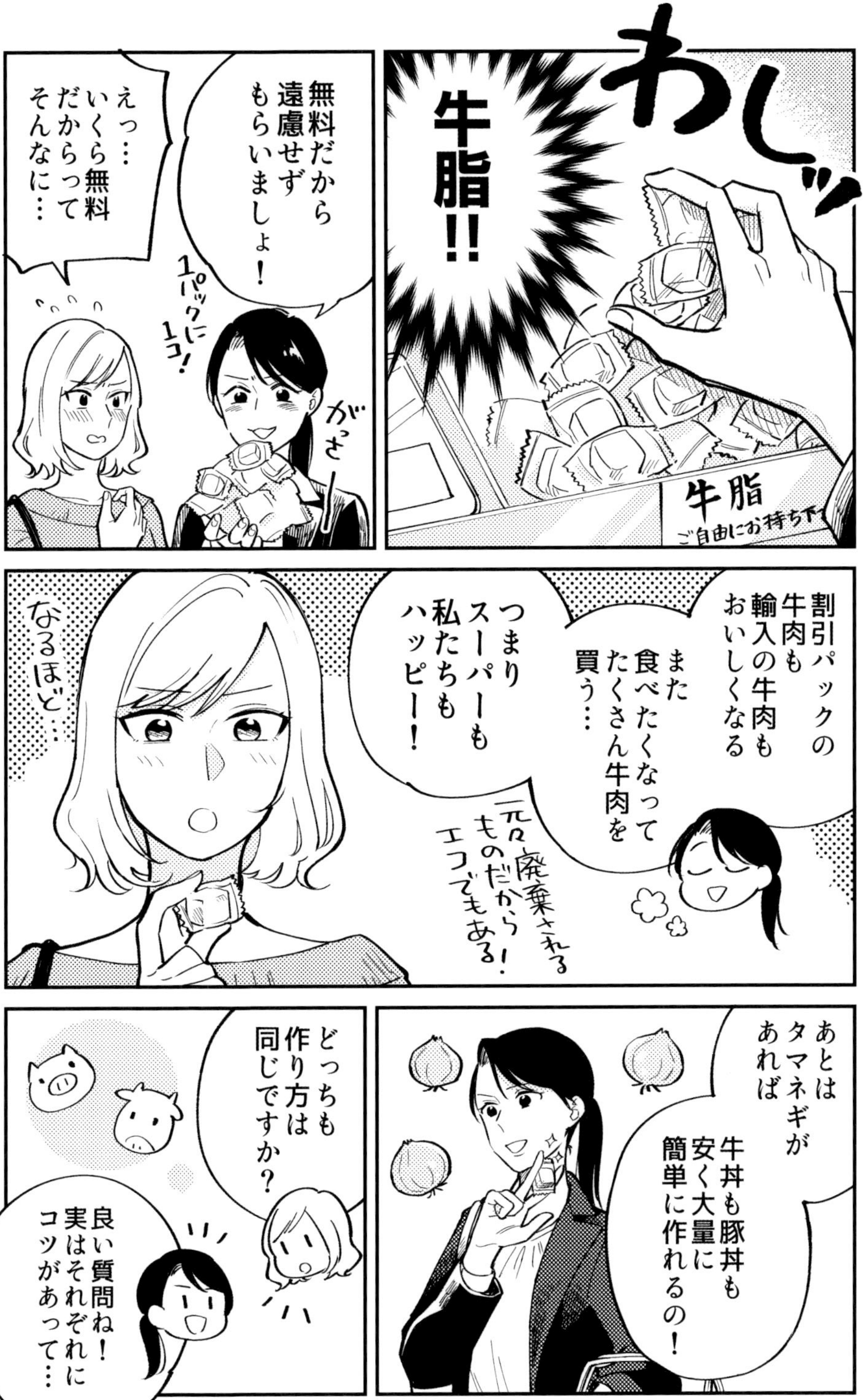
わしッ
牛脂!!
牛脂
ご自由にお持ち下
無料だから遠慮せずもらいましょ!
1パックに1コ!
がさっ
えっ…いくら無料だからってそんなに…
割引パックの牛肉も輸入の牛肉もおいしくなる
また食べたくなってたくさん牛肉を買う…
つまりスーパーも私たちもハッピー!
元々廃棄されるものだからエコでもある!
なるほど…
あとはタマネギがあれば
牛丼も豚丼も安く大量に簡単に作れるの!
どっちも作り方は同じですか?
良い質問ね!実はそれぞれにコツがあって…

牛肉ならさっと火を入れ牛脂で旨味を加えたら絡めて！
豚肉なら焼いて香ばしさを出してジューシーに！
パアア アアアァ

うっ…
後光が…
ピカー
まぶしっ
コスパ良し…
時間もかけず…
冷凍保存も
できる…
こま切れ肉が
あなたを
苦しみから
救ってくれる…
カッ
宗教…?
とにかく!
基本を知るだけで
簡単においしく
作れるんだから!
まずは私が
徹底的に
指導して
あげるわね♡
ヒイイイイ
仕事の時より
スパルタ〜〜〜!!
ズザザザザ

1

長田絢解説

スーパーで献立に悩んだら
こま切れ肉か、切り落とし肉を買う

スーパーで何気なくお肉を買っている人も、ちょっとした基本を理解すれば、この肉はどんな料理に向いているのか、この料理を作るためにはどの部位を買ったらよいのかが見えてきます。

スーパーの特売や業務用スーパーで、いつもより多めに入手した時は、とりあえず冷凍する、ではなく、作る料理を決めてレシピに合う量を小分けして冷凍するか、下味をつけて冷凍するか、調理までして小分けにして冷凍するといったひと手間が肉のおいしさを左右します。

面倒？　いえいえ、肉料理を難しく考えることは全くありません。むしろ肉料理はとてもシンプル。肉があるだけで主菜ができあがるので、あとはサラダや副菜、スープや味噌汁はつけ合わせ程度と考えればいいのですから、献立を決めるのが楽になります。

そしてなんといってもおいしい。噛みごたえがあって満腹感が得られるから、育ち盛りの子ども達も大満足です。さらに肉はたんぱく質をはじめとした栄養価が高く、ダイエットにもよいと言われています。肉好きは健康で元気、長生きすると言われていますのでいいことづくしです。一生おいしいお肉を食べ続けるために、賢いお肉の知識を身につけていただけたら嬉しいです。

テクニック 1

ドリップが出ていたり変色している肉はＮＧ 色ツヤのよい状態の割引肉は迷わず買う

肉の色は種類によって赤色の濃淡が違います。それはほとんどがミオグロビンによるもので、運動量が多いほど含有量が多いので、活発に動かす部位は赤味が濃くなります。ミオグロビンに含まれる鉄は酸素に触れて酸化し退色します。さらに進むと黒みがかった茶色に。したがって、変色したものは絶対に選ばないようにしましょう。

テクニック 2

こま切れ肉のパックには各種部位がランダムに入っている

その店で取り扱う肉の部位がランダムに入っています。牛肉、豚肉ともにモモ、カタ、バラ、ウデなどが多く、切り落としにならない部分のスライスですので、とてもお値打ちです。ひと切れが小さいので、包丁とまな板を出して切るのが面倒な場合やはじめから細かい肉でよい場合に適しています。

テクニック 3

切り落とし肉はこま切れ肉よりも大きい

こま切れ肉よりもひと切れのサイズが大きいので、お値段も高めです（「薄切り肉」と表記されているものよりは小さめ）。モモ、カタ、ロースなどと表記のある場合もあります。目的の部位が切り落とし肉として売っていたら断然お得です。お肉の存在をしっかり感じたい料理にはこま切れ肉よりも適しているので、本書ではしょうが焼き、肉じゃが、ビーフストロガノフ、ハヤシライスは切り落とし肉を使っています。

こま切れ肉や切り落し肉はパックの中に均一に入っていないことも多いので、お肉を広げてほぐしてから塩、コショウをふります。粉類をまぶす際も同様です。

テクニック 4

無料でもらえる牛脂は必ずゲット。コクと旨味、香りがプラスされる

牛肉売り場には無料でもらえる牛脂が用意されています。油の代わりに牛脂を使うとコクと旨味に加え、牛の芳醇な香りが広がります。特売肉もワンランクアップしますので忘れずに手に入れましょう。

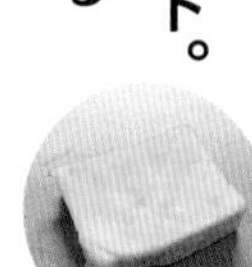
無料でもらえる牛脂

テクニック 5

肉は冷蔵庫内の温度変化が小さい庫内奥かチルドルームで保存

購入後はできるだけ温度変化をさせないように素早く持ち帰り、冷蔵庫の中でも開け閉めによって温度変化の少ない庫内奥か、チルドルーム（0～3度）で保存しましょう。

テクニック 6

すぐに使わない肉は小分けして冷凍し、1か月以内に消費。解凍は冷蔵解凍がベスト

生肉を冷凍庫で保存する場合は、水分の蒸発が起きると冷凍焼けの原因になるため、

スーパーのパック例

肉パックの値札例。「こま切れ」「切り落とし」などの表示を確かめて買います。

豚肩ロースの切り落とし肉。豚こま切れ肉より高額です。牛切り落とし肉も同様。

様々な部位の入った豚こま切れ肉。

できるだけ素早く凍らせることが大切です。大容量のお肉パックを買った際には、ラップや保存袋に小分けして、さらにアルミホイルで包んでから冷凍するといいでしょう。冷凍でも１か月以内には使い切りましょう。解凍する時は肉の厚みや重量によって１日半〜数時間前から冷蔵庫に移してゆっくり解凍します。湯せんや電子レンジで急いで解凍するとドリップが出やすくなります。

テクニック
7

肉は使う直前まで空気に触れさせない

冷蔵庫で保存する肉は、退色させないようにパックをあけず、空気に触れさせずに適切な温度で管理しましょう。空気に触れる面が多いほど鮮度は落ちやすいため、こま切れ肉や切り落とし肉、ひき肉は特に早く使い切りましょう。

早い安い旨い豚丼

豚肉とタマネギだけ！　1食約150円で肉肉しさ満点！

テクニック 8
肉を焼く前に茶こしで片栗粉をまぶすと保水されてやわらかジューシーに仕上がる

テクニック 9
肉に焼き色をつけて香ばしくしてからたれを絡める

材料（2人分）

豚こま切れ肉…250g
塩、コショウ…各少々
タマネギ（薄切り）…½個分
片栗粉…大さじ1
油…大さじ½
◉たれ（混ぜ合わせておく）
酒…大さじ1
みりん、しょうゆ…各大さじ3
ご飯…お好みの分量
白いりごま…適量

調理時間
10分

作り方

1 下ごしらえする
豚肉に塩、コショウをふり、茶こしで片栗粉をまぶす。

2 電子レンジで加熱する
タマネギは耐熱容器に入れてラップをし、レンジで2分加熱する。

3 フライパンで炒める
フライパンに油をひき、中火で**2**を炒め、**1**を加える。

4 調味する
焼き色がついたらたれを入れ、汁けがなくなるまで煮絡める。

5 仕上げる
ご飯の上に**4**をのせ、いりごまをかける。
※出来上がり後の冷蔵保存1〜2日、冷凍保存1か月。

オススメ

野菜を加えて皿盛りにしたら立派な一品に。キャベツ、ピーマン、ニラ、モヤシ、ニンニクなどがおすすめです。野菜を加える場合は、炒めている間に水分が出るので、しょうゆ大さじ1を増やしてください！

豚丼の具は冷凍保存して忙しい日にぜひ。真空にしてから冷凍保存すると◎。

お店を超える牛丼

無料《ただ》の牛脂がポイント！　冷凍したらいつでも楽しめる

テクニック 10
こま切れ肉は牛脂とだし汁で旨味を補う

テクニック 11
やわらか食感に仕上げるために肉は焼かずに煮る

テクニック 12
冷凍する時は保存袋に入れ、できるだけ空気を抜いて密閉する

材料（2人分）

牛こま切れ肉…250g
◉煮汁
　牛脂…1個
　だし汁…200mℓ
　しょうゆ…大さじ2と½
　酒、砂糖、みりん…各大さじ1
タマネギ（薄切り）…½個分
ご飯…お好みの分量
紅ショウガ…適宜

調理時間 15分

作り方

1 鍋で煮る
鍋に煮汁の材料を全て入れて煮たたせ、タマネギを加えて弱火で煮る。

2 肉を加えて煮る
タマネギがやわらかくなったら、牛肉を入れてアクを取りながら煮る。

3 仕上げる
ご飯の上に**2**をのせ、お好みで紅ショウガを添える。
※出来上がり後の冷蔵保存1〜2日、冷凍保存1か月。

オススメ

代用＆プラス食材
タマネギの代わりに長ネギでもOK。しらたき、豆腐、キヌサヤ、ゴボウなどを加えてもおいしいです。トッピングはお好みで生卵や七味などを！

レンチン！

かんたんすぎるレンチン牛丼

お腹がすきすぎている時は電子レンジで。材料のうちだし汁を大さじ4に変更し、耐熱ボウルに煮汁の材料を全て入れて混ぜる。そこに牛肉を入れて煮汁に絡めてタマネギをのせ、ラップしてレンジで2分加熱。取り出して軽く混ぜ、再びラップしてレンジで3分加熱する。そのまま約5分おいてからご飯の上にのせ、紅ショウガを添える。

やわらかしょうが焼き

買い物の裏技、切り落とし肉で得して旨い！

テクニック 13

しょうが焼きは肩ロースの切り落とし肉が狙い目

テクニック 14

タレに漬けこむと肉がかたくなりやすいので、焼いてからタレを絡める

材料（2人分）

豚切り落とし肉…250g
塩、コショウ…各少々
片栗粉…大さじ1
ごま油…小さじ1
◉焼きだれ（混ぜ合わせておく）
酒、しょうゆ…各大さじ2
みりん…大さじ1
砂糖…小さじ1
ショウガ（すりおろし）**…20g**
◉つけ合わせ
キャベツ（せん切り）**、カイワレ菜…各適量**

調理時間
15 分

作り方

1 下ごしらえする
豚肉の両面に塩、コショウをふり、茶こしで片栗粉をまぶす。

2 フライパンで焼く
フライパンにごま油をひき、中火で**1**を焼く。色が変わったらやや弱火にし、すぐに焼きだれを入れて煮絡める。

3 仕上げる
皿に盛り、キャベツのせん切りとカイワレ菜を添える。
※出来上がり後の冷蔵保存1〜2日、冷凍保存1か月。

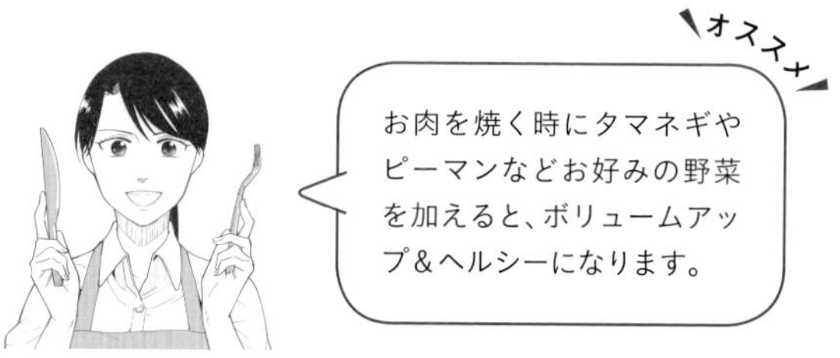
オススメ
お肉を焼く時にタマネギやピーマンなどお好みの野菜を加えると、ボリュームアップ&ヘルシーになります。

肉汁しみわたる肉じゃが

牛切り落とし肉に牛脂、無水調理で旨味をたっぷりしみ込ませて

テクニック 15 タマネギは弱火でしっかり炒めて、引き出した水分で煮込む（＝無水調理）

テクニック 16 酒、みりん、ザラメ、しょうゆの順にひとつずつ加えて、その都度混ぜる

テクニック 17 冷める過程で味がしみ込むので、完全に冷ます。冷ます過程も調理工程のひとつ

材料（4人分）

牛切り落とし肉…300g（豚切り落としでも可）
ジャガイモ（ニンジンより大きめ一口大）…3個分
ニンジン（乱切り）…1本分
牛脂…1個
タマネギ（くし形切り）…1個分
塩…少々
糸こんにゃく（食べやすい長さに切る）…1袋
酒…大さじ3
みりん…大さじ3
ザラメ（または砂糖）…大さじ1
しょうゆ…大さじ5

調理時間 30分

作り方

1 下ごしらえする
ジャガイモは水にさらす。

2 鍋で炒める
鍋に牛脂を弱火で熱し、タマネギをしっかり炒め、塩をふる。しんなりしたらニンジンを加える。牛肉、ジャガイモ、糸こんにゃくを加えて炒める。

3 調味する
脂がまわったら酒、みりん、ザラメ、しょうゆの順に加えてその都度混ぜる。

4 蓋をして煮込む
蓋をして弱火で15分ほど煮込む。蓋を取って水分をとばしながら煮つめる。

5 冷ます
火を止めて蓋をし、あら熱が取れるまで冷まして味をしみ込ませる。

※出来上がり後の冷蔵保存2〜3日、冷凍保存不可。

オススメ

さっとゆでたキヌサヤを入れると彩りがよくなります。余ったら、具をつぶして丸め、衣をつけて揚げればコロッケになります。オムレツの具にするのもおすすめです。

3通りの食べ方で 牛まぶし

名古屋名物「ひつまぶし」を牛こま切れ肉でアレンジ

テクニック 18

酒とみりんを煮立ててから他の調味料を入れ、肉をしっかり絡める

材料（2人分）

牛こま切れ肉…300g
塩、コショウ…各少々
◉濃厚だれ
　酒、みりん…各大さじ2
　砂糖、しょうゆ…各大さじ2
牛脂…1個
◉牛まぶし茶漬け用
　ご飯…お好みの分量
　薬味（細ねぎ、刻みのり、おろしわさび、白いりごま）…各適量
　だし汁…400mℓ

調理時間 15分

作り方

1 下ごしらえする
牛肉に塩、コショウをふり、よくほぐしておく。

2 鍋で濃厚だれを煮つめる
鍋に酒、みりんを入れて弱火で煮立ててアルコールをとばしてから、砂糖、しょうゆを加え、煮つめて火を止める。

3 フライパンで肉を焼き調味する
フライパンに中火で牛脂を溶かし、**1**を入れて焼き、色が変わったら**2**を絡める。

4 仕上げる
器にご飯と**3**を盛り、フライパンに残ったたれを回しかける。2杯目以降は、お好みで薬味やだし汁をかけて、牛まぶし茶漬けとして楽しむ。
※肉の出来上がり後の冷蔵保存3〜4日、冷凍保存1か月。

オススメ！

牛こま切れ肉が安くなっていたら自家製佃煮に！

せん切りショウガをたっぷり入れた煮汁に肉を入れて、煮つめれば完成。
冷凍保存、お弁当にもオススメ。豚こま切れ肉でも作れます。

材料（作りやすい分量）

牛こま切れ肉…300g
ショウガ（せん切り）…50g
◉煮汁
　しょうゆ…大さじ4
　酒、みりん…各大さじ3
　砂糖…大さじ2
木の芽…適宜

作り方

鍋にショウガと煮汁の材料を全て入れて煮立たせ、牛肉を加えて弱火で煮つめる。お好みで仕上げに木の芽を添える。

牛脂で焼く
石焼風ビビンバ

牛こま切れ肉で食卓が韓国料理店に

テクニック 19

牛脂で肉を焼く。スプーンで押さえつけておこげができたら石焼風が再現できる

材料（2人分）

牛こま切れ肉…200g
塩、コショウ…各少々
A「酒、しょうゆ、みりん…各大さじ1
　 コチュジャン、砂糖…各小さじ1
ホウレン草…½束
モヤシ（ゆでる）…⅓袋
ニンジン…⅓本
B「ごま油…大さじ2
　 しょうゆ…大さじ1
　 塩…小さじ¼
牛脂…1個
ごま油…大さじ½
C「しょうゆ、砂糖、白いりごま
　 　…各大さじ1と½
　 コチュジャン…大さじ½
　 ごま油、ニンニク（すりおろし）…各小さじ½
ご飯…お好みの分量
卵…2個

調理時間 30分

作り方

1 下ごしらえする
牛肉は塩、コショウをふり、Aの下味をつける。ホウレン草はゆでて3cm長さに切る。ニンジンはせん切りしてゆでる。

2 野菜を調味する
混ぜ合わせたBを3等分し、水けをしっかり絞ったホウレン草、モヤシ、ニンジンとそれぞれ和える。

3 フライパンで焼く
フライパンに牛脂を熱して中火で1の肉を炒め、焼き色がついたら一旦取り出す。

4 具材を炒めて仕上げる
3のフライパンにごま油をひき、中火でご飯を軽く炒めて2と3をのせ、卵を割り入れてCをかけ、卵を崩しながら全体を大きく混ぜる。

※出来上がり後の冷蔵保存不可、肉のみ冷凍保存1か月。

ご飯をスプーンでフライパンに押しつけながら焼いて、おこげを作るといいですよ。残ったらおにぎりにして、韓国のりを巻いてお弁当にどうぞ！

豚肉とアボカドの炊き込みご飯

豚こま切れ肉とアボカドの共存共栄で

テクニック
20

豚肉はさっとゆでて余分な脂とアクを落とせば、冷めてもおいしい炊き込みご飯に

材料（2合分）

豚こま切れ肉…150g
米…2合
水…300mℓ
A
- 酒…大さじ2
- しょうゆ…大さじ2
- みりん…大さじ1

昆布…1枚（5cm角）
アボカド（種と皮を除く）…½個分
マイタケ（ほぐす）…80g
白いりごま、刻みのり…各適量

調理時間
40分（浸水時間を除く）

作り方

1 下ごしらえする
米は洗って30分ほど浸水させ、ザルに上げて水けをきる。土鍋に入れ、水、A、昆布を入れる。

2 肉を下ゆでする
豚肉は沸騰前のお湯でさっとゆでてザルにあげる。

3 土鍋で炊く
1にアボカド、マイタケ、2をのせる。土鍋を強火にかけて（約6分）、沸騰したら弱火にして10分炊き、火を止めて15分蒸らす。

4 仕上げる
よく混ぜて、アボカドを崩してから器に盛り、いりごま、刻みのりをふる。
※出来上がり後の冷蔵保存1〜2日、冷凍保存1か月。

もっと簡単！
豚肉の下ゆでを省き、炊飯器で炊くとさらに手軽にできあがります。
オススメ
土鍋を使うとおこげが出来ておいしいですよ。

和風カレーライス

昆布とかつお節と豚脂の絶品だし

テクニック 21

豚こま切れ肉の脂と、昆布と鰹のだし汁でカレーを底上げする

材料(2人分)

豚こま切れ肉…150g
塩、コショウ…各少々
ごま油…大さじ1
ショウガ(すりおろし)…15g
長ネギ(斜め薄切り)…1本分
カレー粉…大さじ1と½
薄力粉…大さじ1
A ┌だし汁…400mℓ
　│みりん、しょうゆ、ウスターソース
　└　…各大さじ1
油揚げ(油抜きして短冊切り)…2枚分
ご飯…お好みの分量

調理時間 20分

作り方

1 下ごしらえする
豚肉に塩、コショウをふり、よくほぐしておく。

2 フライパンで焼く
フライパンにごま油をひき、弱火でショウガを炒め、香りが出たら長ネギを炒める。しんなりしたら豚肉を炒める。

3 炒める
色が変わったらカレー粉、薄力粉を加えて粉っぽさがなくなるまで炒める。

4 調味して煮る、仕上げる
Aと油揚げを入れて、とろみがつくまで中火で煮る。器にご飯を盛り、カレーをかける。

※出来上がり後の冷蔵保存1〜2日、冷凍保存1か月。

レンチン!

ササッと混ぜて6分で完成

上記材料のごま油を省きます。耐熱ボウルに豚肉を入れ、塩、コショウをふり、薄力粉とカレー粉大さじ½をまぶす。長ネギ、油揚げ、ショウガを入れる。Aのだし汁を300mℓに変更して、残りのカレー粉大さじ1を入れる。ラップをして、電子レンジで5分加熱、取り出して全体を混ぜ、再びラップをしてレンジで1分加熱する。器にご飯を盛り、カレーをかける。

オススメ

白米の代わりに玄米や雑穀米と合わせたり、カレーうどんにアレンジするのもオススメです。うどんの場合は、材料の薄力粉は入れなくてOKです。

生クリームのコクとサワークリームの酸味が決め手

白いビーフストロガノフ

テクニック
22

パサつきを抑える薄力粉は薄づきにする。まんべんなく肉にまぶしてよく落とす

材料（2人分）

牛切り落とし肉…200g
バター…大さじ1＋大さじ1
タマネギ（繊維に直角に薄切り）
…½個分
マッシュルーム（薄切り）…6個分
塩、コショウ…各少々
薄力粉…大さじ1
白ワイン…大さじ4
生クリーム…150mℓ
サワークリーム…大さじ2
塩、コショウ…各少々
黒コショウ…適宜
パセリ（みじん切り）…少々

調理時間
20分

作り方

1 フライパンで炒める
フライパンにバターを入れ、中火でタマネギを炒める。飴色になってきたらマッシュルームを加えて炒め、しんなりしたら一旦取り出す。

2 肉の下ごしらえ
タマネギを炒めている間に、牛肉に塩、コショウをふり、薄力粉を茶こしでまぶしてよく落としておく。

3 肉を炒める
1のフライパンにバターを入れ、弱火で**2**を炒める。色が変わったら、**1**を戻して白ワインを加え、混ぜる。

4 煮る、調味する
生クリーム、サワークリームを加えて沸騰させないように弱火でとろみがつくまで煮込む。塩、コショウ、お好みで黒コショウをふって味を調え、器に盛りパセリをふる。
※出来上がり後の冷蔵保存1日、冷凍保存1か月。

オススメ

生クリームは乳脂肪分35％ぐらいがおすすめです。ビーフストロガノフは、バゲットや素揚げしたジャガイモ、生パスタとも相性抜群です。

作るのに時間がかかりそうなイメージの飴色のタマネギは、水と塩を入れて常に中火で火を入れると早くできます！ここではバターが水と塩の役割を果たしています。

濃厚ハヤシライス

市販のルウ不要！ 肉を食べるためのハヤシライス

テクニック 23

輪切りタマネギを弱火でよく炒めると肉にも甘味が出る

材料(2人分)

牛切り落とし肉…200g
塩、コショウ…各少々
薄力粉…大さじ1
バター…20g
タマネギ(輪切り)…½個分
塩、コショウ…各少々
マッシュルーム(薄切り)…6個分
A
- **トマトピューレ…120g**
- **赤ワイン…50mℓ**
- **ウスターソース、トマトケチャップ…各大さじ ½**
- **水…200mℓ**
- **ローリエ…1枚**

ご飯…お好みの分量
パセリ(みじん切り)…少々

調理時間 20分

作り方

1 下ごしらえする
牛肉は塩、コショウをふり、薄力粉を茶こしでまぶしてよく落としておく。**A**を混ぜ合わせておく。

2 フライパンで炒める、煮込む
フライパンにバターを入れ、弱火でタマネギを炒めて、塩、コショウをする。しんなりしたら**1**、マッシュルームを入れて炒め、**A**を加えて10〜15分ほど煮込む。

3 仕上げる
器にご飯を盛り**2**をかけ、パセリをふる。
※出来上がり後の冷蔵保存1〜2日、冷凍保存1か月。

オススメ
煮込み用の赤ワインは、安価なもので十分！　できれば辛口を選んでください。

2 そんな焼き方じゃお肉が泣く‼

プロジェクトの成功を祝して
ガチン
かんぱーい！
いや〜絢さんの活躍、素晴らしかったですね
ありがとうございます
弊社でも期待の星なんですよ
キラーン
ジュウウウウ
ワナ
ワナ
どんどん焼いちゃえ〜〜〜！
もぐもぐ
ぶんぶん
それじゃもう1枚…

動かないで!!
ガターーン!
ビクゥ
ほら見て このお肉を… 最高の状態で 食べてほしい… そう聞こえて こない？
スッ…
や… 別に…
すき焼きは 肉との 対話なの
こんな 焼き方じゃ 肉が泣くわ!!
俺とも対話 してくれ ません…？
ごめんねえええ

ここは私に任せて
スゥ…
絢さんの目つきが変わった…!
ジョワァ〜〜…
まずは牛脂を溶かしてお肉を1枚
砂糖少々しょうゆをひと回し
サラ
サラ
トポポ
ジュワァァァ
7割くらい色が変わったらひっくり返して
くるん
ゴクリ…
最後に一瞬だけ裏返して…
はい召し上がれ
卵はお好みで
おおっ
心なしか肉がイキイキしてるような…

ぱくっ
!
うまいっ!!
おぉーっ
私のも頼む!
次は野菜と割り下を入れて…
あれ?お肉もうないの?
私がスーパーで買ってきた切り落とし肉があるわよ!!
ちょっ…お客様!
え…
じゃじゃーん
大丈夫です!切り落としはすき焼き肉と同じ厚み…
安いのにお腹いっぱい食べられます!
キラキラ
いやいや
そういう意味じゃなくて…

あははは
絢さんパワフルだねえ〜〜〜
次の企画もお願いしちゃおうかな?
まったく…
そしたら次の打ち上げは焼肉ですね!!
まかせてください!
企画じゃなくて打ち上げの話…
ハラハラ
絢さんはどんな肉が好きなの?
お肉に詳しいようだけど…
にっ…肉の話はやめておいたほうが…
べら
私は四足が特に好きですね!
牛や豚はもちろんワニにヤギにカンガルー…
べら
それに熊ロースの脂の甘味なんて最高…
べら

私お肉の部位問答も大好きなんですよ〜!
し―――ん…
ほほう…
なかなか通だねぇ
僕は料理はからきしだけど食べるのが好きでね
今日は楽しい時間を過ごせましたよ
絢さんぜひ次のプロジェクトも頼みます!
打ち上げは焼肉でお願いします!!
喜んで!
がしっ
まさかの契約成立!!
肉のことしか話してないのに…

長田絢解説

薄切り肉の安売り、割引パックを発見したらチャンス

肉の厚みに応じた適切な料理と温度管理を覚えよう

スーパーではよく「3割引」や「20％オフ」シールが貼られていることがあります。そんな時はチャンス！　焼肉、すき焼き、しゃぶしゃぶといった肉料理の代表は、スーパーで買える肉でも十分においしく食べられます。

テクニック
24

焼肉用、すき焼き用、しゃぶしゃぶ用の肉の厚みを覚えて臨機応変に使い分ける

●焼肉用…4〜5㎜厚さ

●すき焼き用…2〜2・5㎜厚さ

●しゃぶしゃぶ用…1〜1・5㎜厚さ

このように、肉は用途によって厚さを変えて売られています（厚みは店舗によって異なる場合もあります）。

テクニック 25

すき焼き用＝切り落とし肉とほぼ同じ厚み 割引の「ロース切り落とし肉」を見つけたら最高のチャンス

実はすき焼き用の肉の厚さは切り落とし肉の厚さに近いのです。つまりすき焼きは切り落とし肉で十分ということ。やわらかさと脂のおいしさを重視ならロース、赤身の旨みを堪能したいなら肩、モモがいいでしょう。これらの部位の切り落とし肉で割引シールが貼られたパックを見つけたら、ぜひゲットしましょう。

テクニック 26

しゃぶしゃぶなど鍋料理や冷しゃぶサラダは、80度と常温の水がおいしさの秘訣

しゃぶしゃぶ用肉は薄いので特に急激な温度変化が苦手です。しゃぶしゃぶや薄切り肉の鍋料理は一度沸騰したお湯に差し水をして、80度に温度を落としてから肉を入れましょう。冷しゃぶサラダにする場合は、火を通したお肉を氷水ではなく常温の水に入れて冷ましてから冷蔵庫に入れましょう。

◉牛肉の栄養と主な部位を覚えて得しよう

良質なたんぱく質、脂肪燃焼効果の高いL－カルニチンが豊富で、代謝を上げて痩せやすい体質を作り、筋肉のもとになります。ダイエットを意識するなら、脂の多いバラやロースよりも赤身の肩やモモを選び、大き目にカットしたお肉をよく噛むようにしましょう。牛肉は鉄分や亜鉛が豊富で、鉄分の吸収を高めるビタミンB12も含まれている

ので効率的。

牛肩…よく運動するため筋肉が集まったかための肉質。濃厚な味わいが楽しめるので薄切りがベター。

牛肩ロース…サシが入りやすい部位で、脂肪の風味がよい。焼肉、しゃぶしゃぶ、すき焼きと万能な部位。

牛リブロース…肩ロースから続く背の部分。キメの細かい肉質で風味もよくやわらかい。断面も美しいので、ローストビーフやステーキにも。

牛サーロイン…リブロースから続くさらに背の部分。「サーロイン」といえば「ステーキ」。断面も美しくて脂肪も入りやわらかくて旨味が濃厚。

牛ヒレ…牛１頭からわずか３％ほどしかとれない希少部位で価格も高い。運動しない部位なのでキメ細かくやわらかく低脂肪な赤身肉。シャトーブリアンは、牛ヒレ肉の中でも中央部にある芯のことで、希少価値が高い最高級部位。赤身でとてもやわらかいため、火を通しすぎないステーキが最適。

牛バラ…濃厚で脂肪の旨味も濃くて焼肉で人気の部位、煮込み料理にも適している。

牛ランプ…腰からお尻にかけての部分。赤身でやわらかい肉質、ローストビーフやステーキ向き。

◉豚肉の栄養と主な部位を覚えて得しよう

豚肉のビタミンＢ１は、食品の中でもトップクラス！　糖質の代謝や神経の働きに関係している栄養素のため、疲労回復効果があると言われています。ビタミンＢ２は成長

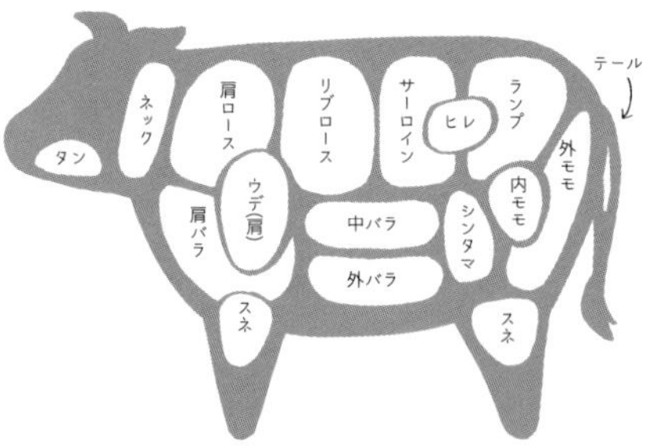

を促進、ビタミンEは抗酸化作用が働き、ビタミンB12は、貧血防止に効果的と言われています。豚肉は、ニンニク、ニラ、タマネギなどと組み合わせると、これらの食品に含まれるアリシンによってビタミンB1の吸収が高まります。

豚肩…濃いめの肉色、赤身が多く、キメの粗い部位。しかし脂がほどよくのっていて、味わい深い。濃い味付けの料理や煮込み向き。

豚肩ロース…肩から背にかけての部分。キメが細かく、網状に入っている脂が美しい万能部位。

豚ロース…肩ロースから続く背の部分。肩ロースとは脂肪の肉質が異なる。こちらも厚切り薄切りと汎用性が高い部位。

豚ヒレ…キメ細かく、やわらかく、低脂肪でヘルシーな赤身部位。

豚バラ…三枚肉とも言われ、骨つきのものはスペアリブと呼ばれている。脂肪が多いので、煮こみ料理に使用するとだしがよく出てやわらかい。薄切りの場合は、カリッと香ばしく焼き色をつけるとおいしい。

豚モモ…やわらかくてキメ細かく赤身中心の部位。脂肪が少ないので様々な料理に合わせやすく、ハム作りにも適している。

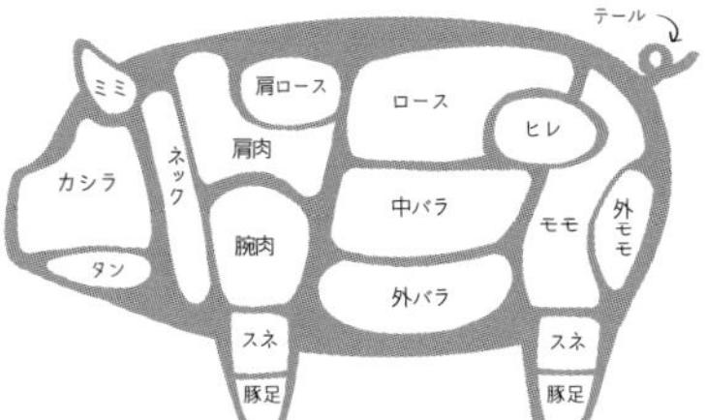

極上のおうち焼肉

みんな集まれ！　おうち焼肉で語り合う肉話は最高のアテ

テクニック 27 鉄板や網、ホットプレートをよく熱し、牛脂をしっかりなじませてから焼く

テクニック 28 肉を常温に戻し、焼く直前に高い位置から塩を均一にふる

テクニック 29 焼いている時に出る余分な脂や焦げをマメに拭き取る

テクニック 30 肉をおいたらむやみに触らず、返すのは2度までを厳守

長田家の焼き方指南

- 強火で焼く
- 7割焼いたら、返して残り3割を焼き、一瞬返してすぐ食べる
- 脂の多い部位はこんがり、少ない部位は焼きすぎない

ナムル、キムチ、スープ、サンチュなどを肉の合間に楽しみながら最後まで堪能するのが我が家流。

長田家の焼き順

- 牛タン×「塩、レモン、長ネギ」からスタート！
- サガリ×塩でさっぱり
- ヒレ（シャトーブリアンがあれば最高!）ミディアムレアにして、塩、ワサビ、柚子胡椒で旨味を噛み締める
- 大きめの薄切り肩ロースをさっと焼き、すき焼き風にして、たれと卵黄で。ここでご飯を少し
- 息子たちはカルビにたっぷり自家製だれをつけてガッツリご飯。私はイチボで〆たい

オススメ

これがあれば完璧！

焼肉のたれ

材料（作りやすい分量）

- ニンニク（すりおろし）…5g
- ショウガ（すりおろし）…5g
- リンゴ（すりおろし）…¼個分
- タマネギ（すりおろし）…¼個分
- しょうゆ…200mℓ
- 酒、みりん…各50mℓ
- 砂糖…大さじ1
- ハチミツ…大さじ1
- A
  - 白いりごま…10g
  - ごま油…大さじ1
  - ラー油…適宜
  - 一味唐辛子…適宜

作り方

A以外の全ての材料を小鍋に入れて火にかけ、弱火で15分ぐらい煮つめる。火をとめて、Aを加えて混ぜ合わせ、冷ます。

※たれは野菜炒めや炒飯などの調味料として万能に使えます。冷蔵保存10日程度。

コスパ最高のすき焼き

お腹いっぱい食べたいから切り落とし肉で

テクニック31

割り下の黄金比率は酒10：みりん10：しょうゆ10：ザラメ3

テクニック32

最初は肉だけ焼いて砂糖としょうゆで食べる。肉の脂が残ったところに加えた割り下で野菜を煮る

材料（2人分）

牛切り落とし肉…300g
牛脂…1個
タマネギ（薄切り）…½個分
長ネギ（斜め薄切り）…1本分
◉割り下
　酒…100mℓ
　みりん…100mℓ
　しょうゆ…100mℓ
　ザラメ（または砂糖）…30g
しらたき（食べやすい大きさに切る）…100g
焼き豆腐（ひと口大に切る）…100g
シイタケ（石づきを取る）…4枚分
溶き卵…2個分

調理時間 10分

作り方

1　鍋で肉を焼く
鍋に牛脂を入れて中火で熱し、肉を入れて片面さっと焼き、返して、砂糖小さじ½、しょうゆひとまわし（ともに分量外）で味付けてすぐに食べる。

2　野菜と割り下を入れて煮る
1の鍋にタマネギ、長ネギ、混ぜ合わせた割り下を入れて中火で煮る。くったりとしてきたら火を弱め、しらたき、焼き豆腐、シイタケも加える。

3　肉に火を通しながら食べる
肉はその都度、食べる直前に2の鍋に入れて火を通す。お好みで溶き卵につけながら食べる。

オススメ

季節のすき焼きのススメ
すき焼きは、入れる具材によって旬の味を楽しめます。

春…山菜とタケノコで春の風味をたっぷり
夏…トマトとバジルで酸味と香りをきかせて
秋…キノコ各種で、特別な日はマツタケを奮発
冬…餅を入れてボリュームアップ

お好みの部位で しゃぶしゃぶ鍋

素材の肉頼みだからシンプルに。でもたれには本気

テクニック 33

肉の色が変わる瞬間に引き上げる。肉の旨味を溶かしてから野菜をしゃぶしゃぶする

材料（2人分）

牛ロース肉（しゃぶしゃぶ用）…150g
牛モモ肉（しゃぶしゃぶ用）…150g
または牛切り落とし肉…300g
◉だし
　水…800mℓ
　昆布（5cm角）…1枚
　酒…50mℓ
ポン酢しょうゆ、ごまだれなどお好みで…適量
薬味（小口切りの細ネギ、もみじおろしなどお好みで）…適量
好みの具材（白菜、水菜、長ネギ、シイタケ、くずきり、豆腐など）…各適量

調理時間
10分

作り方

1 下ごしらえする
鍋に水を入れて昆布を浸し、30分からひと晩おく。

2 だしをひく
1に酒を入れて中火にかけ、沸騰前に昆布を取り出す。差し水（分量外）をして、80度ぐらいに下げる。

3 肉をしゃぶしゃぶ
牛肉を1枚ずつだしの中で軽く振って火を通す。お好みのたれや薬味で食べる。

4 好みの具材を煮る
肉の旨味がだしに溶け込んだら野菜を入れてしゃぶしゃぶする。

手作りだれ2種

●自家製ポン酢しょうゆ

材料（作りやすい分量）　冷蔵保存6か月

柑橘果汁（柚子、すだち、橙など）…100mℓ
※手搾りすると絶品ですが、面倒な場合は果汁を購入しても
みりん…20mℓ
しょうゆ…120mℓ
昆布…5g
かつお節…10g

作り方

みりんを鍋に入れ沸騰させてアルコール分をとばし、その他の材料全てを混ぜ合わせて火を止める。あら熱が取れたら清潔な瓶などに入れて、1〜2日ほど冷蔵庫でねかせる。使う時に昆布とかつお節を濾して除く。

●自家製ごまだれ

材料（2人分）　冷蔵保存3〜4日

白練りごま…大さじ4
だし汁…大さじ4
しょうゆ…大さじ4
酢…大さじ1
砂糖…大さじ2
白すりごま…大さじ3

作り方

ボウルに白練りごまを入れ、だし汁を入れてのばす。しょうゆ、酢、砂糖、白すりごまを順に加え、その都度よく混ぜる。

ピリ辛 冷しゃぶサラダ

暑い季節にビタミンたっぷり豚肉で体力アップ、冷やしてもやわらかーい

テクニック 34

お湯が沸騰したら火を止めて1分待ち 80度に下げる。肉をくぐらせて常温の水にとる

材料（2人分）

豚肩ロース
またはロース（しゃぶしゃぶ用）…200g
砂糖…大さじ1（お湯1ℓに対して）
◉サラダ（野菜はお好みで）
- キュウリ…1本
- サニーレタス（ちぎる）…3〜4枚分
- 塩…ひとつまみ
- 白いりごま…適量
- ごま油…大さじ½

◉ピリ辛だれ
- コチュジャン…大さじ2
- 白すりごま…大さじ2
- 砂糖…大さじ1
- しょうゆ…大さじ1
- 酢…大さじ1
- ごま油…大さじ½
- ニンニク（すりおろし）…5g

長ネギの白い部分（せん切り）…⅓本分
松の実…大さじ2
韓国のり（ちぎる）…4枚

調理時間
15分

作り方

1 下ごしらえする
キュウリは空き瓶で叩いて一口大にする。ボウルにキュウリ、レタス、塩、いりごま、ごま油の順に入れて混ぜる。たれの材料を全て混ぜ合わせる。

2 肉に火を通す、冷やす
鍋にたっぷりの湯（分量外）を沸かして砂糖を入れ、火を止め1分待ち、80度に落とす。火は止めたまま肉をくぐらせて、色が変わったらすぐに常温の水に入れる。水けをきり、冷蔵庫で冷やす。

3 仕上げる
器に**1**のサラダを盛り、**2**をのせてたれをかける。ネギ、松の実、韓国のりをトッピングする。

※出来上がり後の冷蔵保存1日、冷凍不可。

オススメ

このサラダにはごまドレッシング（P.67）もオススメです。野菜はお好みで。トマト、レタス、水菜、豆苗、スプラウト各種もよく合います。

ポン酢しょうゆジュレの牛しゃぶサラダ

ポン酢ジュレで野菜もたっぷりヘルシーメニューに

テクニック 35

お湯1ℓに酒大さじ3、砂糖大さじ1を加えて、冷やしてもやわらかいお肉に

材料（2人分）

牛モモ肉（しゃぶしゃぶ用）…150g
酒…大さじ3
砂糖…大さじ1（お湯1ℓに対して）
◉サラダ（野菜はお好みで）
　トマト（くし形切り）…1個分
　ブロッコリー…½株
　黄パプリカ（細切り）…¼個分
　ベビーリーフ…30g
◉ポン酢ジュレ
　ポン酢しょうゆ…150mℓ
　粉ゼラチン…3g

調理時間
15分（冷やし固める時間除く）

作り方

1 下ごしらえ
サラダ用のブロッコリーは小房に分けてゆでる。

2 ポン酢ジュレを作る
ポン酢しょうゆを小鍋に入れて火にかけ、温まったらゼラチンを入れて煮溶かす。容器に移して冷蔵庫で冷やし固める。

3 肉に火を通す、冷やす
鍋にたっぷりの湯（分量外）を沸かして酒と砂糖を加えて混ぜ、火を止め1分待ち、80度に落とす。火は止めたまま、肉をくぐらせて色が変わったらすぐに常温の水に入れる。水けをきり、冷蔵庫で冷やす。

4 仕上げる
器にサラダ、**3**を盛り、**2**をフォークで崩してしゃぶしゃぶにかける。

※肉のみ出来上がり後の冷蔵保存1〜2日、冷凍保存不可。

オススメ

ごまドレッシングも合う！
白すりごま、マヨネーズ各大さじ2、砂糖大さじ1、酢小さじ2、しょうゆ、ごま油各小さじ1全て混ぜ合わせる。炒って砕いたクルミ5粒と白いりごまをかけて出来上がり。こってりした味にしたい時におすすめです。

作って育てて鶏肉は「家族の一員」 3

もうやってらんない！
共働きなのに家事は全部私なのよ！
わい わい
パパー
絢は一人で料理まで完璧にこなしててすごいよね
うーん私は肉があれば幸せだから…
それ冗談だよね？
とりあえず肉食べられればOK
忙しい時はついからあげ買って済ませちゃうのよねぇ…
はあ〜
それならからあげをおいしくする秘訣を教えるわ！

お待ち
どおさま！
どーーーん～！
サクサク
だぁ～！
おいしー
でしょ!?
すごーい！
うちで作ると
べちゃって
なるのに…
うちのからあげ
世界一なんだ！
サクッと
揚げるコツが
あるの！
それに…
たれの
組み合わせで
様々な味が
楽しめるし
から揚げは
無限の可能性を
秘めた料理なの！
家族の一員と
言えるまで
育てて
あげてね！

鶏料理はアレンジしやすいから
覚えておくと毎日の献立に困らないわよ
なにせ宇宙規模！
レシピ送るわね
ありがとー助かる！
さすが絢さん！
ぬっ
ムッ
よかったらダイエットにいいレシピも教えてやってよ
もうすぐ俺の健康診断なのに妻が揚げ物ばっかでさ〜〜〜

…それなら サラダチキンが オススメよ
低脂肪で 高たんぱく で…
いいね～！
簡単だから 誰でも 作れるの
それなら うちの妻でも 安心だ
うんうん
ゴオオオオ
てことで あなたが自分で 作ってみてね☆
ひっ!?
自分の ダイエットの ためなんだから 当然よね～～～？
ニコ♡
なんか 見える…
あ… はい…
絢ナイス！

3

長田絢解説

鶏肉の使い分けテクニックと調理のコツ

手軽で汎用性が高くて高たんぱく・低カロリーの優良食材

手軽で汎用性が高く身近な食材、鶏肉。高たんぱくで低カロリー、肉の中では消化のいい食材です。牛肉や豚肉にもたんぱく質は含まれていますが、脂肪分も含まれています。それに比べて肉と脂肪が分離されている鶏肉は、脂を取り除けば「たんぱく質」を多く摂取することが可能で、ダイエットには最適な食材です。

メチオニン（必須アミノ酸）には、お酒の飲みすぎや過食からなる脂肪肝を予防する効果があり、また肝機能を上げる効果もあることから二日酔いの解消にも役立ちます。

美肌の元となるコラーゲンも豊富に含まれています。細胞同士を結びつけるコラーゲンは皮膚以外（腱、軟骨）にも多く存在し、美肌効果だけでなく白内障や老眼、関節痛などの予防にも効果があるといわれています。

ムネ肉に含まれているイミダペプチドは疲労回復に効果が高いと言われていますので、運動習慣のある方や成長期のお子さまにも積極的に食べてほしいですね。

では、鶏肉はどのように使い分けたらいいかを考えていきましょう。

テクニック 36

地鶏、銘柄鶏、ブロイラーを料理によって使い分ける

鶏肉は大きく3種類に分かれます。

地鶏…在来種由来血液の純系もしくは血が50％以上入っていること、飼育期間はふ化から75日以上、28日目以降は平飼いで、1㎡当たり10羽以下での飼育などの条件があります。名古屋コーチン種、薩摩地鶏、比内地鶏を日本三大地鶏といいます。地鶏はブロイラーに比べて歯ごたえやコクがあり、旨味が濃いのが特徴です。

銘柄鶏…地鶏に比べると発育のよい肉専用種から生産されていて、通常の飼育方法とは異なる工夫をされています。

ブロイラー…50〜56日で出荷できるように改良された肉用若鶏の総称をブロイラーと言います。お店で特に何の表示もない場合はブロイラーで、出荷されている鶏肉の大部分を占めています。

飼育日数や生産効率から、地鶏→銘柄鶏→ブロイラーの順に価格が下がります。地鶏は独特の歯ごたえやコク、濃厚な旨味が味わえるのはもちろんですが、料理によって向き不向きがあります。ですので、高額であればよいというわけではありません。私は、地鶏は煮込み料理、銘柄鶏は焼いたりゆでたりする料理、蒸し料理、ブロイラーは揚げ物といった感じで使い分けています。

テクニック
37
カットされた鶏肉は切り口から劣化しているので、切る手間を惜しまず一枚物を買う

最近は切り分けられているパックも増えてきましたが、モモ肉やムネ肉は一枚物を買いましょう。切る手間が省けるからと「から揚げ用」「親子丼用」という表記のパックを買うのは、鮮度も落ちていて割高なのでもったいないです。

テクニック
38
肉の色ツヤがよく、ハリがあり、脂や筋の少ないものを選んで買う

肉を買う際は、肉の色やツヤをよく見て、ドリップの出ていないものを買いましょう。黄色っぽい余分な脂や筋のないものを選ぶのがコツです。

テクニック
39
調理する前に常温に戻し、皮にフォークで穴をあけ、余分な脂や筋を取り除く

冷蔵庫から出したてのお肉を調理すると表面だけ焦げて中が生焼けになりやすいので、調理の30分前に冷蔵庫から出して、室温で常温に戻してから調理しましょう。鶏肉の皮にはフォークで穴をあけることで歯切れも火の通りもよくなり、焼き縮みも防げます。

調理前に余分な脂や筋を取り除くことで臭みがなくなり洗練された上品な味わいになります。

テクニック 40

厚みの不均一な部分や、骨つき肉は、骨のまわりに切れ込みを入れて火の通りをよくする

肉の部分も厚すぎる部分は切れ込みを入れておきましょう。骨つき肉は骨に沿って切れ込みを入れることで骨離れがよくなり、だしが出やすくなります。

◉鶏肉の部位を覚えて得をしよう

モモ肉…歯ごたえがあり、コクと旨味がある。そのまま焼くだけでもとてもおいしく、汎用性の高い部位です。

ムネ肉…やわらかくて脂肪が少なく、淡白な味わい。カロリーが低いことからダイエットにも好まれている。モモ肉のおおよそ半額で家計に優しいのも魅力のひとつ。

ササミ…低カロリー、高たんぱくで、とてもやわらかい肉質。

手羽元、手羽中、手羽先…コラーゲンや脂肪分が多く濃厚な味わい。手羽元は上腕部分、手羽先は全体から手羽元を除いた部分、手羽中は手羽先から手指を除いた部分を指す。骨からだしが出てスープがおいしくなるので、鍋や煮物にも幅広く使われている。

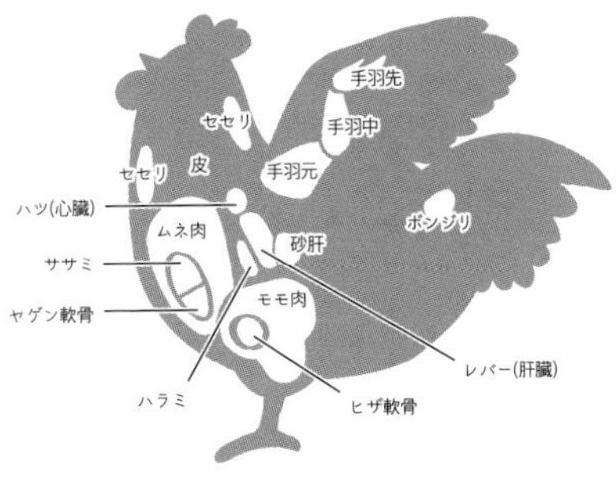

鶏の黄金比 から揚げ

ずっと一緒にいても飽きない鶏から揚げは家族のよう

テクニック 41
調味料はひとつずつしっかりもみ込み、ねかせてから調理する

テクニック 42
薄力粉はしっとりやわらか、片栗粉はカリッとサクサクに。衣はブレンド粉が理想的

テクニック 43
衣をつけたらよくはらって薄づけを心がける

テクニック 44
揚げ油の温度は160度と200度で二度揚げする

テクニック 45
油は新しいものをたっぷり使う。なたね油、米油、太白ごま油がおいしく揚がる

材料（6個分）

鶏モモ肉…1枚（300g）
酒…大さじ1
しょうゆ…大さじ1
長ネギ（青い部分を半分に切る）…1本分
ショウガ（すりおろし）…10g
薄力粉…15g
片栗粉…30g
揚げ油…適量
レモン（くし形切り）、パセリ…各適量

調理時間
20分（寝かせる時間を除く）

作り方

1 下味をつける
鶏肉の余分な脂や筋を取り、50gずつに切り分け、保存袋に入れる。酒、しょうゆの順に入れてその都度よくもみ込み、長ネギ、ショウガを入て、よくもみ込む。冷蔵庫でできれば3時間ほどねかせる。※急ぐ場合は30分ほど。

2 衣をつけて揚げる（1度目）
バットに薄力粉と片栗粉を混ぜて広げ、水分をよく拭き取った**1**に薄くつけて、160度に熱した油で4～5分揚げる。

3 余熱で火を通す
取り出して2分おき、余熱で火を通す。

4 高温で揚げる（2度目）
油温を200度に上げ、**3**を再度入れ、カリッとするまで30秒～1分ほど揚げて取り出し、バットで油をきる。お好みでレモン、パセリを添える。
※出来上がり後の冷蔵保存1～2日、冷凍保存1か月。

Column

味変！ 衣変え！

鶏のから揚げアレンジ テクニック4選

※すべて出来上がり後の冷蔵保存1〜2日、冷凍保存1か月。

塩麹から揚げ

発酵食品の優しい風味

材料（6個分）

鶏モモ肉（50gずつに切り分ける）**…1枚**（300g）**分**
酒…大さじ2、塩麹（市販品）**…50g、ショウガ**（すりおろし）**…10g、薄力粉…15g、片栗粉…30g、揚げ油…適量**

調理時間
20分（漬け込み時間を除く）

作り方

①保存袋に肉を入れ酒、塩麹の順に加えてよくもみ、ショウガを入れてさらにもみ込む。
②薄力粉と片栗粉を合わせてまぶし、140度の油で4〜5分揚げる。取り出して2分おく。
③油を160度に上げ、カリッとするまで1分ほど再度揚げて取り出す。

もち粉チキン

ふんわりもっちり仕上げ

材料（6個分）

鶏モモ肉（50gずつに切り分ける）**…1枚**（300g）**分**
酒…大さじ1、しょうゆ…小さじ2、長ネギ（青い部分）**…1本分、ショウガ**（すりおろし）**…5g、溶き卵…1個分、もち粉…50g**（なければ米粉）**、揚げ油…適量**

調理時間
20分（漬け込み時間を除く）

作り方

①保存袋に肉を入れ酒、しょうゆの順に加えてよくもみ、長ネギとショウガを入れてさらにもみ込む。
②溶き卵を絡めてもち粉をまぶし、160度の油で4〜5分揚げる。取り出して2分おく。
③油を200度に上げ、カリッとするまで1分ほど再度揚げて取り出す。

中華風香味だれから揚げ

ガリガリ食感好きに

材料（6個分）

鶏モモ肉（50gずつに切り分ける）…1枚（300g）分
酒…大さじ2、塩…少々、長ネギ（青い部分）…1本分、ショウガ（すりおろし）…10g、片栗粉…50g
揚げ油…適量
◉たれ【長ネギ（みじん切り）…½本分、しょうゆ、酢…各大さじ2、砂糖…大さじ1、ショウガ（すりおろし）…5g、ニンニク（すりおろし）…5g、白いりごま…大さじ1】

調理時間
25分（漬け込み時間を除く）

作り方

①保存袋に肉を入れ酒、塩の順に加えてよくもみ、長ネギとショウガを入れさらにもみ込む。
②水分を拭き取って片栗粉をまぶし、160度の油で4〜5分揚げる。取り出して2分おく。
③油を200度に上げ、カリッとするまで1分ほど再度揚げて取り出す。
④たれの材料を全て小鍋でひと煮立ちさせて、から揚げにかける。

ヤンニョムチキン

ピリ辛こってり味

材料（6個分）

鶏モモ肉（50gずつに切り分ける）…1枚（300g）分
塩、コショウ…各少々、酒…大さじ½、ニンニク（すりおろし）…5g、片栗粉…大さじ2、揚げ油…適量
◉たれ【コチュジャン…大さじ1と½、トマトケチャップ…大さじ1と½、みりん…大さじ1と½、砂糖…大さじ½、酒…大さじ½、酢…大さじ½】
白いりごま…大さじ2

調理時間
25分（漬け込み時間を除く）

作り方

①保存袋に肉を入れ塩、コショウをふり、酒、ニンニクをよくもみ込む。
②片栗粉をまぶし、160度の油で4〜5分揚げる。取り出して2分おく。
③油を200度に上げ、カリッとするまで1分ほど再度揚げて取り出す。
④たれの材料を全てフライパンで温めて、から揚げを絡め、いりごまをふる。

長田絢のから揚げ研究

部位、下味、衣、油、揚げ方まで「から揚げ問題」を考える

から揚げの徹底研究をしてみて、私が出した結論をご紹介します。しかし、これが正解というわけではありません。いろいろ試してお好みの味を見つけてください！

部位どこ問題▼

一般的に好まれるのはモモ肉が多いです。私も断然モモ肉推しですが、価格やヘルシー重視ならムネ肉、長細く仕上げたい時はササミ、濃厚な旨味を求めるなら手羽でもよいでしょう。モモ肉の場合は、1個あたり50gぐらいの大ぶりのカットが脂っこすぎず、肉のジューシー感が味わえておいしいと思います。

下味問題▼

私のレシピでは、下味をいろいろ変えています。

酒…鶏肉の臭みを消し旨味をプラス、水分を加えることで保水性が高まります。

しょうゆ…噛んだ時の風味づけのためにしょうゆ味をつけておきます。

長ネギ・ショウガ…臭み消し、風味づけに使います。

ニンニク…ニンニク好きな方はすりおろして入れてもよいと思います。私は人と会う仕事が多いので、あまりニンニクを使用しない習慣がついてしまいました。

みりん…甘味と旨味とコクが加わるのでお好みで。ムネ肉やササミのように淡白な部位の場合は、入れた方がよいです。

衣問題▼

これは完全に好みですが、私の基本は「薄力粉1：片栗粉2」のブレンドで、カリッとサクサク仕上げです。しかし、揚げた後にたれに絡める場合は片栗粉のみで揚げます。その方がたれのしみこみもよくて、食感のバランスがよくなります。

薄力粉…やわらかくふんわり揚がります。

片栗粉…白っぽくカリカリサクサク揚がります。

卵…卵を衣に加えると衣がふんわりして厚みが出ます。お肉の臭み消しにもなります。昔は衣に卵を入れて作っていましたが、年々薄めの衣の方が好みになってきたので、今は入れていません。

揚げ油問題▼

揚げ油は口に入る時の最初の香りと風味になるので、油の種類は重要です。私は太田油脂という会社の赤水となたね油を赤水3：なたね油7の割合で使っています。焙煎されたなたね油が香ばしくて、食感もよく揚がります。他に、米油や太白ごま油も向いています。

揚げ方問題▼

鶏肉の水分をしっかり拭き取り、衣をつけ、二度揚げを推奨しています。最初にある程度火を通して、一旦取り出して休ませている間に余熱で中まで火を通し、再度高温でカラッと揚げれば、ベチャベチャになってしまうことはありません。

スパイス香る フライドチキン

骨までしゃぶりつくしたいジューシーなチキン！

テクニック 46 衣の卵に牛乳を入れて濃度を下げることで衣がまんべんなくつく。衣は二度づけする

テクニック 47 骨つき鶏モモ肉は牛乳で下ゆでするると、骨離れ、火通りがよくなる

テクニック 48 フライドチキンの衣の黄金比は薄力粉３：片栗粉３：コーンミール１

材料（2人分）

手羽元…10本
　または骨つき鶏モモ肉のぶつ切り…2枚分

A
- 塩、コショウ、黒コショウ、ガーリックパウダー…各少々
- ショウガ（すりおろし）…5g

B
- 卵…1個
- 牛乳…大さじ2

C
- 薄力粉…30g
- 片栗粉…30g
- コーンミール…10g
- 塩…5g
- オールスパイス、チリパウダー、バジル、パプリカパウダー…各適量
- コショウ、黒コショウ…各小さじ$\frac{1}{4}$

揚げ油…適量

◉つけ合わせ

ライム（くし形切り）、チャービル…適量

調理時間
25分（漬け込み時間を除く）

作り方

1 下ごしらえする

手羽元は、骨に沿って切れ込みを入れ、Aをすり込む。保存袋に入れて空気を抜き、冷蔵庫で2時間以上おく。骨つきモモ肉の場合は、牛乳（分量外）で下ゆでしてからAをすり込み、以下を同様にする。

2 衣をつける

BとCをそれぞれ別のボウルに入れ混ぜる。1の水分を拭き取り、Bのボウルにくぐらせ てCをまぶす。これをもう一度繰り返す（二度づけする）。

3 揚げる

160度の油で4～5分揚げる。取り出して2分おき、余熱で火を通す。強火にして油を200度に上げ、さらに1分ほど揚げる。

※出来上がり後の冷蔵保存1～2日、冷凍保存1か月。

オススメ

衣の黄金比が決め手！　圧力鍋で下ゆでするると骨離れがよくなりほろほろに。ファストフード店のあの食感になります。圧力鍋は高圧で10分加圧してください。自然減圧後、しっかり水分を拭き取り、衣をつけます。

チキンソテー、ハニーマスタードソース

鶏の旨味凝縮、皮パリの香ばしさに夢中になる！

テクニック 49

塩をふって2日ねかせた肉を使う

テクニック 50

皮目から弱火でじっくり焼く。マッシャーでしっかり押さえつけて焼く

材料（1枚分）

鶏モモ肉…1枚
塩、コショウ…各少々
◉ハニーマスタードソース
- オリーブ油…大さじ1
- バター…10g
- 薄力粉…小さじ1
- A
  - 粒マスタード…小さじ2
  - ハチミツ…小さじ1
  - 牛乳…大さじ3

アーモンドスライス（炒っておく）…15g
◉つけ合わせ
- グリーンアスパラガス、ヤングコーン…各適量

調理時間
15分（漬けこみ時間を除く）

※出来上がり後の冷蔵保存3〜4日、冷凍保存1か月。

作り方

1 下ごしらえ
鶏肉は余分な脂と筋を丁寧に取って皮にフォークで穴をあけ、塩、コショウをふる。ペーパータオルに包んでから保存袋に入れ、できれば2日冷蔵庫でねかせる。

2 肉を焼く
火にかける前のフライパンに**1**の皮目を下にしておき、弱火にかける。マッシャーで押さえながら皮にこんがりと色づくまで焼き、裏返して、蓋をして弱火で5分蒸し焼きにする。

3 再度マッシャーで押さえて焼く
蓋を取ってもう一度肉を裏返し、火を強めてマッシャーで押さえてカリッとさせる。肉を取り出し、グリーンアスパラガス、ヤングコーンを焼く。

4 ソースを作る、仕上げる
小鍋に弱火でオリーブ油、バターを溶かして薄力粉を炒め、混ぜ合わせた**A**を入れてひと煮立ちさせる。**3**を皿に盛りソースをかけ、アーモンドスライスをのせ、つけ合わせを添える。

オススメ！

チキンソテー味変！

トマトソース＆チーズでコク足し
鶏肉を焼いたフライパンでトマトケチャップ大さじ2、ウスターソース大さじ1、ハチミツ大さじ½を混ぜて絡め、ピザ用チーズをのせて蒸し焼きに。

味噌漬けか酒粕漬けもおすすめ
味噌漬けチキンソテーは、作り方**1**の肉をガーゼで包み、ハチミツ味噌（味噌150gとハチミツ50gを混ぜる）に一晩漬ける。ハチミツ味噌を酒粕漬け（酒粕50gと酒、味噌各大さじ1、みりんと砂糖各小さじ1を混ぜる）に変えても。鶏を焼く時は魚焼きグリルの弱火で。

鶏ムネ肉や豚ロース厚切り肉にも
味噌漬けと酒粕漬けは鶏ムネ肉や豚ロース肉（厚切り）を漬けて焼いても。

冷めてもうまうまハチミツしょうゆ、甘酒照り焼きチキン
味しみコク旨
照り焼き
チキン

テクニック 51

ハチミツで肉がやわらかくなり、照りとコクが出る。みりんとハチミツの代わりに甘酒も使える

材料(1枚分)

鶏モモ肉…1枚
◉漬けだれ
　しょうゆ…大さじ2
　みりん…大さじ1
　ハチミツ…大さじ1
ごま油…小さじ2
◉つけ合わせ
　ブロッコリー(ゆでる)…2房
　トマト(くし形切り)…2切れ

調理時間
15分(ねかせる時間を除く)

作り方

1 下ごしらえする
鶏肉は半分に切り、余分な脂や、筋を丁寧に取って皮にフォークで穴をあける。

2 下味をつける
保存袋を用意し、漬けだれと**1**を入れてもみ込む。冷蔵庫で30分ほどねかせる。

3 フライパンで焼く、仕上げる
フライパンにごま油を熱し、中火で**2**を焼く。両面に焼き色がついたら火を弱め、蓋をして5分蒸し焼きにする。蓋を取り、保存袋に残った漬けだれを加えて絡める。器に盛り、ブロッコリーとトマトを添える。

※出来上がり後の冷蔵保存1〜2日、冷凍保存1か月。

オススメ

甘酒照り焼きチキンにするなら
ハチミツとみりんは甘酒でも代用できます。レシピのたれを甘酒(2倍濃縮)50gとしょうゆ大さじ1と½に変えるだけで、作り方は同じです。甘酒独特の旨味とコクもチキンによく合います。

レンジン!

もっと簡単照り焼きチキン

耐熱皿に一口大に切った鶏肉、漬けだれを入れてもみ込む。ラップをして電子レンジで3分加熱し、さらにかき混ぜる。ラップははずして再度3分加熱する。落とし蓋のようにラップをして放置し、あら熱を取れば完成です。

炊飯器と炭酸水に任せて簡単、
旨味だれで最高の味

ハイナンチキンライス（海南鶏飯）

テクニック
52

水の代わりに炭酸水を使うと 鶏肉はやわらか、ご飯はふっくら

材料(2合分)

鶏モモ肉またはムネ肉(好みで)**…1枚**
塩、コショウ…各少々
ニンニク(すりおろし)**…5g**
ショウガ(すりおろし)**…5g**
米…2合
酒…大さじ2
長ネギ(青い部分)**…10㎝**
炭酸水…約330㎖(炊飯器の2合目盛り分)
◉旨味だれ
ごま油、ナンプラー、オイスターソース…各大さじ1
しょうゆ、レモン汁、いりごま(白)**…各小さじ1**
ニンニク、ショウガ(みじん切り)**…各小さじ1**
長ネギ(みじん切り)**…1本分**
◉つけ合わせ
キュウリ(薄切り)**、ミニトマト**(半分に切る)**…各適量**

調理時間
15分(炊飯時間を除く)

作り方

1 下ごしらえする
米は洗って30分ほど浸水させ、ザルに上げる。鶏肉の皮にフォークで刺して穴をあけ、塩、コショウをふり、ニンニクとショウガをもみこむ。

2 炊飯する
炊飯器に**1**の米、酒を入れて目盛り通りに炭酸水を入れ、**1**の鶏肉と長ネギをのせて、通常通りに炊飯する。

3 旨味だれを作る
小鍋に旨味だれの材料を全て入れて混ぜ合わせ、ひと煮立ちさせる。

4 仕上げる
炊き上がったら鶏肉を食べやすく切り、ご飯と一緒に盛りつけ、**3**をかける。キュウリ、ミニトマトを添える。
※出来上がり後の冷蔵保存1～2日、冷凍保存1か月。

レンチン!

冷凍ごはんで作れる!

鶏肉は下ごしらえした後、耐熱ボウルに酒、ニンニク、ショウガ、長ネギ(青い部分)と一緒に入れ、10分漬けておく。ボウルにゆるめにラップをかけて、電子レンジで5分加熱。鶏肉を裏返してさらに2分加熱し、そのまま5分おいて蒸らし、食べやすい大きさに切る。旨味だれの材料を別の耐熱ボウルに入れ、電子レンジで1分加熱する。電子レンジで解凍したご飯に鶏肉から出た蒸し汁小さじ4をかけ、鶏肉を盛り、旨味だれをかける。

自家製しっとり
サラダチキン

よだれ鶏？　ジェノベーゼチキン？

テクニック
53

ハチミツをしっかりすり込んで保水性を高める

材料(1枚分)

鶏ムネ肉…1枚(300g)
ハチミツ…大さじ1
塩…小さじ2

◉煮汁
水…600ml
酒…大さじ2
ニンニク(半分に切る)**…1片分**
ショウガ(薄切り)**…1片分**
長ネギ(青い部分)**…1本分**

◉よだれ鶏のたれ
鶏肉のゆで汁、しょうゆ…各大さじ3
砂糖、黒酢(米酢でも可)**…各大さじ1**
ごま油…小さじ2
ラー油…小さじ1
長ネギ(白い部分のみじん切り)**…10cm分**
ショウガ(すりおろし)**…5g**
ニンニク(すりおろし)**…5g**
花椒…適宜

◉ジェノベーゼソース
バジルの葉…30g
松の実(クルミでも可)**…40g**
粉チーズ…大さじ2
ニンニク …5g
オリーブ油…100ml
塩…少々

調理時間
40分

作り方

1 下ごしらえ

鶏肉にハチミツ、塩をすり込む。

2 鍋で煮る

鍋に煮汁を沸かし、**1**を入れて3分煮る。火を止めて蓋をして、余熱で30分火を通す。あら熱が取れたら、煮汁ごと保存容器に入れ、冷蔵庫で保存する。

3 ソースを作る

よだれ鶏のたれは、小鍋に材料を全て入れ、ひと煮立ちさせて冷ます。ジェノベーゼソースは、ミキサーまたはフードプロセッサーに材料を全て入れ、なめらかになるまで攪拌する。

※サラダチキンの出来上がり後の冷蔵保存2〜3日、冷凍保存1か月。

淡白な味わいのサラダチキンだから、どんなソースでも合います。

無添加鶏ハム

プリンプリン食感がくせになる、安心・安全で作りおきマスト!

テクニック 54
沸騰した湯の余熱で30分火を通せばしっとり、パサつきなし

テクニック 55
「3日漬け」で水分や臭みが減り、旨味と保存効果アップ。30分の塩抜きでほどよい塩加減に

材料（1枚分）

鶏ムネ肉…1枚
ハチミツ…大さじ1
塩…大さじ½

調理時間
40分（ねかせる時間、塩抜き時間を除く）

オススメ
鶏ハムがあれば、朝食が一気に豪華に！　鶏ハムエッグや、ゆで汁を活用した鶏ハムスープに仕立てるのがおすすめです。

作り方

1 下ごしらえ
鶏肉は皮を取り、観音開きにしてラップをかぶせ、空き瓶で叩いて薄くする。

2 3日漬け込む
1の両面にハチミツをすり込み、その上から塩をすり込む。鶏肉をロール状に巻いてラップで包み、冷蔵庫で3日ねかせる。※時間がない時は1〜2日でも可。

3 塩抜きする
2のラップを剥がしてボウルに入れ、水を少しずつ流しながら30分以上塩抜きする（1〜2日の場合は省略）。水けをよく拭き取り、再びラップでしっかり包んで、耐熱性の保存袋に入れる。

4 鍋でゆでる
鍋にたっぷりの湯（分量外）を沸かし、**3**を保存袋のまま入れて2分ゆでる。火を止めて蓋をして、余熱で30分火を通す。あら熱がとれたら、取り出して冷蔵庫で冷やす。食べる時はお好みの厚さにスライスする。

※出来上がり後の冷蔵保存3〜4日、冷凍保存1か月。

宮崎発祥！チキン南蛮

鶏と酢の出会いに箸が止まらなくなる！

テクニック 56

肉に卵をたっぷり絡めて揚げるとふんわり。油をきったらすぐ南蛮酢に漬ける

材料（2人分）

鶏ムネ肉…1枚
◉南蛮酢
　砂糖…大さじ3
　酢…大さじ3
　しょうゆ…大さじ3
　みりん…大さじ1
塩、コショウ…各少々
薄力粉、揚げ油…各適量
溶き卵…1個分
揚げ油…適量
◉タルタルソース
　ゆで卵（粗いみじん切り）…1個
　塩、コショウ…各少々
　マヨネーズ…大さじ4
　タマネギ、パセリ（みじん切り）…各大さじ1
◉つけ合わせ
　レタス（ちぎる）、トマト（くし形切り）
　　…各適量

調理時間
25分

作り方

1 南蛮酢を作る
小鍋に材料を全て入れて温め、バットに移す。

2 鶏肉の下ごしらえ
鶏肉は観音開きにして半分に切り、塩、コショウをふる。

3 揚げる
2に薄力粉をまぶし、余分な粉ははたいてから、溶き卵にくぐらせて、170度の油で揚げる。油をきってすぐに**1**に浸す。

4 タルタルソースを作る、仕上げる
ソースの材料を全て混ぜ合わせ、皿に盛り付けて**3**にかける。レタス、トマトを添える。
※出来上がり後の冷蔵保存1〜2日、冷凍保存1か月。

オススメ

タルタルソースは、タマネギの代わりに、らっきょうの甘酢漬けやしば漬けを刻んで入れてもおいしいですよ！

韓国料理の定番
サムゲタン

体にしみわたる優しいおいしさに夢中になります

テクニック
57

骨つき肉から出るだしをストック、ラーメンやスープに活用

材料(2人分)

鶏手羽元…6本
塩…少々
◉煮汁
　水…400mℓ
　酒…100mℓ
　長ネギ(斜め薄切り)…1本分
　ショウガ(薄切り)…1片分
　ニンニク(薄切り)…1片分
もち麦…30g
乾燥なつめ…2個
甘栗…2個
クコの実…10粒
松の実…10粒
塩…少々

調理時間
15分(煮込み時間を除く)

作り方

1 下ごしらえ
手羽元は骨に沿って切れ込みを入れ、塩をふる。

2 煮る
鍋に煮汁の材料全てと**1**、もち麦、なつめ、栗を入れ、煮立ったら弱火にして蓋をし、30〜40分ほど煮る。

3 調味する、仕上げる
蓋を取り、クコの実、松の実を加え、塩で味を調える。
※出来上がり後の冷蔵保存1〜2日、冷凍保存1か月。

オススメ

鶏の旨味たっぷりのスープは、しょうゆを足して味を調えればラーメン汁、煮物のだしなどに最適。最後の一滴まで使いきってください!

本格スパイス
チキンカレー

あなたもできる！　スパイスを揃えて挑戦してみよう！

テクニック 58

弱火でじっくりスパイスの香りを油に移しながら肉を焼くと香り豊かに

材料（2人分）

鶏手羽元…4本
塩、コショウ…各少々
オリーブ油…大さじ1
A
- カルダモン…4粒
- クローブ…5粒
- シナモンスティック…1本
- 黒コショウ…1〜2g
- クミンシード…1〜2g
- マスタードシード…1〜2g

タマネギ（みじん切り）…½個分
ショウガ（すりおろし）…5g
ニンニク（すりおろし）…5g
カレー粉…8g
バジル（乾燥）…2g
B
- トマトピューレ…70g
- ウスターソース…10g
- 塩…4g
- ハチミツ…15g

水…300mℓ
ターメリックライス…お好みの分量
パクチー…適宜

調理時間 30分

作り方

1 下ごしらえ
手羽元の骨に沿って包丁で切り込みを入れ、塩、コショウをふる。

2 焼いて油に香りを移す
フライパンにオリーブ油をひき、**1**、**A**を入れて弱火でじっくり焼き、一旦取り出す。

3 炒める、ペーストにする
2のフライパンを中火で熱し、タマネギを飴色になるまで炒める。途中、塩ひとつまみ（分量外）をふり、水大さじ2（分量外）を加えてペースト状にする。ショウガ、ニンニクを加え、カレー粉、バジルをふり入れてさらに炒め、水大さじ1（分量外）を加えてなじませる。

4 調味して煮る
3に**B**、水を入れ、**2**を戻し入れて10分ほど煮込む。

5 仕上げる
器にターメリックライスを盛り、**4**をかける。お好みでパクチーを添える。
※出来上がり後の冷蔵保存1〜2日、冷凍保存1か月。

オススメ

ターメリックライスの作り方
インディカ米1合に対して、ターメリック小さじ1を入れて炊飯する。炊き上がったらバター10gを入れて混ぜる。お好みでクミンシードやレーズンを入れるのもおすすめです。
このカレーには、市販のナンも合います。

Aのスパイス類を揃えるのが面倒だったら省いてもOK。カレー粉は辛味にかなり差があるので、お好みのものを見つけてください。

4 できたてのおいしさを教えてあ・げ・る♥

絢さんが教えてくれたレシピ
彼に作ったらすごく喜んでくれました！
それは良かった
豚丼と肉じゃがをヘビロテしてます〜！
コツ
カツ
…それだけ？魅力的な肉料理が他にもたくさんあるのに…？
へぇ〜〜？
ああ
また絢さんのお肉狂乱スイッチが…
私も頑張ってはいるんですけど…
うーん…
No.1
シューマイ
餃子
ハンバーグ
お世話になっております

…週末
うちに来て
できたてのひき肉料理のおいしさを
優しく教えてあ・げ・る♡
わき
わき
本当に優しくご指導お願いしますね!?
ひき肉料理を作ったことはある?
一度ハンバーグを作ったんですが…
冷凍してたひき肉は真っ白になってるし
食べても大丈夫なやつ…?
冷凍焼けね…
外は焦げてるのに中は生焼けだし
ギャー!!
なま…!!
ハンバーグあるあるね…

失敗のせいで苦手意識が
ぐすん…
おいしく食べてもらえなかったお肉がかわいそう…
私のことも憐れんでくれませんか？
ひき肉は買ったらすぐ調理が鉄則なの
冷凍保存するときはタネまで作ってからね
空気を抜きつつ！
生焼けを防ぐ方法は後で詳しく教えるから
さっそく作っちゃいましょ！
おーっ
ハンバーグ職人!?
肉の扱いならその辺の大人より詳しいはずよ
サッ
サッ
サッ
む…
あの…私焼くの挑戦してもいいですか？
子どもに負けらんない…

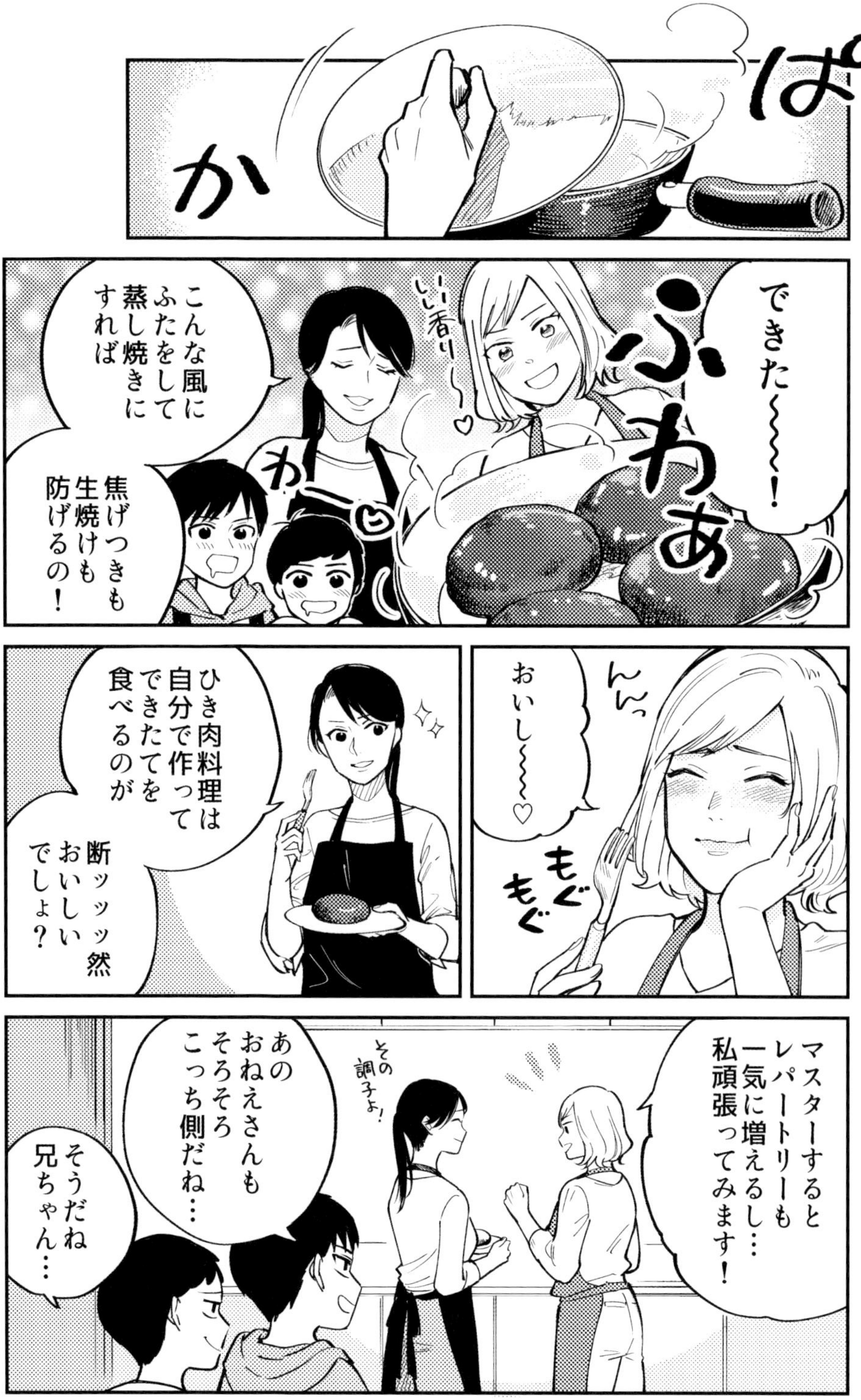
かぱ
できた〜〜〜!
ふわぁ〜
いい香り〜♡
こんな風にふたをして蒸し焼きにすれば
焦げつきも生焼けも防げるの!
わー♡
んんっ
おいし〜〜〜♡
もぐもぐ
ひき肉料理は自分で作ってできたてを食べるのが
断ッッッ然おいしいでしょ?
マスターするとレパートリーも一気に増えるし…私頑張ってみます!
その調子よ!
あのおねえさんもそろそろこっち側だね…
そうだね兄ちゃん…

4

長田絢解説

出来合いは何が入っているか心配だから
家で作ろう、みんなで作ろう、ひき肉料理

我が家の子どもたちはひき肉料理が大好物です。しかし子育て真っただ中は、ひき肉料理はめちゃくちゃハードルが高い料理でした。だからひき肉が活用できるのは子どもが一緒に料理ができるようになった時だと思います。何しろ市販のひき肉料理は添加物などが入っているものが多く、時間が経っているのでかたくなっていることもあります。しかし、目に見える安全な食材だけを使って家で作った出来たてのひき肉料理は、家庭料理的価値ナンバーワンだと思います。

では、テクニックを説明する前に、一般に流通しているひき肉について学びましょう。

◉牛１００%表記のひき肉

国産の牛ひき肉は「国産牛」や「黒毛和牛」などと表示されています。黒毛和牛→国産牛→輸入牛の順に脂が少くなり、また値段も安くなりますので、料理によって使い分けます。

肉の旨味をダイレクトに味わう牛ハンバーグなどは黒毛和牛が向いていますが、スパイスなどをふんだんに使う料理の場合は輸入牛でも十分。国産牛で物足りない時は牛脂を細かく刻んで混ぜます。黒毛和牛は国産牛の１・５倍ほどの値段が多いようです。

◉豚１００％表記のひき肉

まろやかでやわらかくジューシーな豚ひき肉は、餃子、焼売、肉だんごなど、中華料理によく使われます。豚特有の臭み消しのため、ネギ、ニンニク、ショウガなどを入れることが多いです。豚ひき肉はあまり部位別で表示されていないため、商品によって脂の量にばらつきがあります。白すぎるのは脂が多いので、よく見比べてバランスのよい商品を選んでください。

◉鶏１００％表記のひき肉

モモ、ムネと分けてあるものと、ミックスのものとあります。別表記の場合、ジューシーさを重視するならモモ、ヘルシーさを重視するならムネを選びましょう。バランスよくしたいという場合は半分ずつ買うのでもよいと思います。

◉牛豚５：５または６：４表記の合いびき肉

スーパーで買えるひき肉で一般的な割合です。汎用性が高く、どのような調理方法・料理とも相性がいいです。みじん切りにした野菜なども混ざりやすいです。

◉牛豚７：３または８：２表記の合いびき肉

対面販売のお肉屋さんでは多い割合です。またはオーダーすることもできます。牛が多いとリッチで濃厚な味わいになります。せっかくお肉屋さんで買うなら、牛肉の粗びきもぜひチャレンジしてください。より食感と旨味がアップしておいしいですよ。

テクニック 59

ひき肉は最も劣化が早いから購入したその日に使い切る

ひき肉は空気に触れている部分が多いため劣化が早いです。購入時はドリップが出ていないかをチェックして、できたらその日に使い切りましょう。

テクニック 60

調理は全ての器具と食材を直前まで冷やす、塩を入れてこねる、火入れ前にねかせる

ひき肉をこねる時はステンレスのボウルを使用します。できればボウルも冷やしておき、冷蔵庫から出したての肉を使い、手を冷やしながら塩を入れてしっかりこねることにより肉がきちんと結着します。塩は味をつける以外にひき肉をまとめてひび割れを防ぎ、肉汁を保ちます。ひき肉に含まれているたんぱく質が塩分によって網目のような構造となり、こねることで粘り気が出てまとまり、加熱することで網目構造が固まって水分が保持されやすくなるためです。こねて成形したらバットに入れて、冷蔵庫で30分以上ねかせます。肉だねが落ち着き形が崩れにくくなります。

テクニック 61

肉だねにプラスするそれぞれの食材の大事な役割を理解する

タマネギは、食感を出したい時は生のまま、甘味を出したい時は炒めてよく冷ましたものを入れます。卵は旨味をプラスするのと、つなぎの役割もあります。肉の結着力を補完

し、卵の旨味をプラスすることで、ごはんに合うおいしさを倍増させます。パン粉はパサつき防止で肉だねをやわらかくしたい時に入れます。小麦粉や片栗粉はつなぎの役割ですが、入れすぎると食感が悪くなるので注意してください。長ネギ、ショウガ、ニンニク、その他スパイス類は臭み消し＆風味をよくし、脂、マヨネーズは旨味とコク、しっとり感を補完してくれます。

【ひき肉を混ぜて成形するまでの順番】

一気に入れるのはNGです。
順に入れてその都度こねるを手早く繰り返してください！

冷蔵庫から出したての**肉**を用意する

↓

塩のみ

↓

粘り気が出たら

粉状のスパイス（コショウ、ナツメグ、砂糖など）

↓

油脂系（牛脂、マヨネーズ、植物油など）

↓

酒（紹興酒、ワインなど）

↓

調味料（しょうゆ、ソースなど）

↓

具材（すりおろしたもの）

↓

生パン粉（牛乳に浸したもの）

↓

溶き卵

↓

具材
（野菜のみじん切りなど、火を入れたものはよく冷ましてから）

愛しのハンバーグ

頬ずりしたい枕にしたい。牛ひき肉と豚ひき肉の旨味をまるごと

テクニック 62
ハンバーグの比率は牛 7：豚 3 がバランスよい

テクニック 63
成形は手に油を塗り 10 回キャッチボールしてしっかり空気を抜いて、ひび割れを防止する

材料（2個分）

合いびき肉（牛肉7：豚肉3）…250g
オリーブ油…大さじ½
タマネギ（みじん切り）…¼個分
溶き卵…½個分
生パン粉…30g
牛乳…大さじ1
塩…小さじ¼
コショウ、ナツメグ…各少々
オリーブ油…大さじ1
◉グレービーソース
　肉汁…ハンバーグ2個分
　赤ワイン…50mℓ
　トマトケチャップ、ウスターソース、バター…各大さじ1
　ハチミツ…小さじ1
　塩、コショウ…各少々
◉つけ合わせ
　オレガノ、ラディッシュ（半分に切る）…各適量

調理時間
40分（ねかせる時間を除く）

作り方

1 下ごしらえ
フライパンにオリーブ油をひき、弱火でタマネギが透き通るぐらいになるまで炒め、取り出して完全に冷ます。パン粉は牛乳に浸す。

2 肉をこねる
ボウルにひき肉、塩を入れて白っぽくなるまでよくこね、コショウ、ナツメグ、**1**のパン粉、卵、タマネギの順に加えてその都度こねる。

3 成形して冷蔵庫でねかせる
手に油（分量外）を塗り、2等分にして、手の上でくキャッチボールして空気を抜き、成形する。ここで時間があれば30分ほど冷蔵庫でねかせる。

4 フライパンで焼く
フライパンにオリーブ油をひいて熱し、**3**を中火で両面焼き固め、蓋をして弱火で5～6分蒸し焼きにする。

5 ソースを作り、仕上げる
肉汁が残ったフライパンに、グレービーソースの材料を全て入れひと煮立ちさせる。ハンバーグを器に盛りソースをかけ、オレガノ、ラディッシュを添える。

※出来上がり後の冷蔵保存1～2日、冷凍保存1か月。

オススメ

シャキシャキ食感がお好みの場合は、タマネギは炒めず生で使ってみてください。肉ダネが余るようなら、ゆで卵を入れて成形して揚げればスコッチエッグ風になります。

肉感マシマシ 牛こまハンバーグ

牛こま切れ肉とひき肉をミックス！　元祖ハンバーグはこれ

テクニック 64

牛こま肉とひき肉を混ぜて肉感をマシマシ、牛脂でジューシーに

テクニック 65

肉の旨味を生かすため塩だけで、タマネギ、卵などつなぎはなし

材料（2個分）

牛こま切れ肉…200g
牛ひき肉…200g
牛脂…1個
塩…小さじ⅓
コショウ、ナツメグ…各少々
オリーブ油…大さじ1
塩、黒コショウ…各少々
◉つけ合わせ
ジャガイモ（くし形切り）…2個分
塩、揚げ油…各適量
パセリ…適宜

調理時間
20分（ねかせる時間を除く）

作り方

1 肉と牛脂を細かくする
こま切れ肉は小さく切り、包丁の背で叩いて細かくする。牛脂もできるだけ細かくする。

2 肉を加えてこねる
ひき肉と**1**をボウルに入れ、塩を入れ白っぽくなるまでよくこねる。コショウ、ナツメグを順に入れてさらにこねる。

3 成形して冷蔵庫でねかせる
手に油を塗り（分量外）、**2**を2等分にして手の上でキャッチボールして空気を抜き、成形する。ここで時間があれば30分ほど冷蔵庫でねかせる。

4 フライパンで焼く
フライパンにオリーブ油を熱して、中火で**3**の両面を焼き固める。焼き色がついたら蓋をして弱火で4～5分蒸し焼きにする。

5 つけ合わせ、仕上げる
ジャガイモは素揚げにして塩をふり、皿に盛り、お好みでパセリを添える。
※出来上がり後の冷蔵保存1～2日、冷凍保存1か月。

オススメ

肉肉しさたっぷりの牛こまハンバーグは、ソースなし。塩と黒コショウをかけて食べるのがおいしいです。アメリカンダイナー風になります。野菜やチーズ、卵を焼いてバンズで挟んでハンバーガーにするのもおすすめです！

がっつり
メンチカツ

肉と衣が最強！　肉好きのための肉厚＆BIG

テクニック 66

ひき肉の揚げ物の比率は牛8：豚2で。牛肉の割合を多めにする

材料（2人分）

合いびき肉（牛肉8：豚肉2）…250g
オリーブ油…大さじ½
タマネギ（みじん切り）…¼個分
塩…小さじ¼
コショウ、ナツメグ…各少々
トマトケチャップ…大さじ½
パン粉…20g
溶き卵…½個分
◉衣
薄力粉…½カップ
溶き卵…½個分
パン粉…適量
揚げ油…適量
◉ソース
赤ワイン…大さじ2
トマトケチャップ…大さじ2
ウスターソース…大さじ1
◉つけ合わせ
キャベツ（せん切り）…適量
パセリ…適量

調理時間
40分（ねかせる時間を除く）

作り方

1 下ごしらえ
フライパンにオリーブ油をひいて弱火で熱し、タマネギを炒め、冷ます。

2 肉をこねる
ボウルにひき肉を入れ、塩を入れて白っぽくなるまでよくこねる。コショウ、ナツメグ、トマトケチャップ、パン粉、溶き卵、**1**の順に加えてよく混ぜる。

3 成形して冷蔵庫でねかせる
手に油（分量外）を塗り、**2**を2等分にして、手の上でキャッチボールして空気を抜きながら成形する。時間があれば冷蔵庫で30分ほどねかせる。

4 揚げる、仕上げる
薄力粉、溶き卵、パン粉の順に衣をつけ、170度の油で揚げる。フライパンに赤ワインを入れて熱し、トマトケチャップ、ウスターソースを加え混ぜてソースを作る。器に盛り、メンチカツにかける。キャベツ、パセリを添える。

※出来上がり後の冷蔵保存1〜2日、冷凍保存1か月。

レンチン！

レンジ＆揚げない、ずぼらメンチカツ

タマネギは耐熱皿に入れてラップして、電子レンジで2分加熱し、作り方**2**と同様によくこねる。2つの耐熱皿に半分ずつ入れ、それぞれ電子レンジで3分加熱する。オリーブ油（大さじ1）を熱したフライパンでパン粉がきつね色になるまで炒め、肉にふりかける。

ごちそうロールキャベツ

牛、豚、キャベツの三位一体

テクニック 67

ひき肉の煮込みは牛5：豚5で。マヨネーズを入れてしっとり感、結着をアップ

材料（6個分）

- **合いびき肉**（牛肉5：豚肉5）…200g
- **キャベツ**（大きめの葉）…6枚
- **パン粉**…50g
- **牛乳**…40mℓ
- **タマネギ**（みじん切り）…1/4個分
- **塩、コショウ**…各少々
- **マヨネーズ**…大さじ1
- **溶き卵**…1/2個分
- **オリーブ油**…大さじ1
- ◉**トマトソース**
  - **トマト水煮缶**…200g
  - **水**…150mℓ
  - **トマトケチャップ**…大さじ2
  - **白ワイン**…大さじ1
  - **ウスターソース**…大さじ1
  - **砂糖**…小さじ1
  - **ローリエ**…1枚
- **パセリ**（みじん切り）…少々

調理時間 60分

作り方

1 下ごしらえする

キャベツの芯をくり抜き、葉を1枚ずつ剥がし、ラップをして電子レンジで5〜6分加熱する。葉についている軸はそいでみじん切りにする。パン粉は牛乳に浸す。フライパンにオリーブ油を弱火で熱してタマネギを炒める。

2 肉をこねる

ボウルにひき肉と塩を入れてよくこね、コショウ、マヨネーズを加えてさらにこねる。パン粉、溶き卵、みじん切りにした軸、タマネギを入れて混ぜる。

3 成形する

2を6等分して、手の上でキャッチボールして空気を抜きながら成形する。**1**のキャベツで包んで楊枝でとめる。

4 鍋で煮る

鍋にトマトソースの材料を全て入れて混ぜ、**3**を並べる。蓋をして30〜40分煮込む。器に盛り、お好みでパセリをかける。

※出来上がり後の冷蔵保存1〜2日、冷凍保存1か月。

レンチン！

ロールしない肉キャベツ

材料は全て同じ。作り方**1**〜**2**までは同じ。耐熱皿にキャベツ2枚を敷き、肉だねの1/2を広げてのせる。その上にキャベツ2枚を重ね、残りの肉だねをのせて、残りのキャベツを重ねる。ボウルの中にトマトソースの材料を全て入れて混ぜ、キャベツにかける。ラップを落としこむようにかけて、電子レンジで15分加熱する。

オススメ

時短＆代用品

圧力鍋を使うと、15分加圧で完成です。冬場で、白菜がたくさんある場合はロール白菜にしてもおいしいです。

本格
ミートソース・スパゲッティ

汎用性高すぎ！　できる女の無敵ソース

テクニック 68

安いひき肉でもスパイスとハーブ多用で補強。必要な量を小分けして冷凍する

材料（ミートソース4人分）

合いびき肉（牛肉8：豚肉2）**…200g**
オリーブ油…大さじ1
タマネギ（みじん切り）**…150g**
ニンジン（みじん切り）**…50g**
塩…小さじ¼
コショウ、黒コショウ、ナツメグ、クミン…各少々
赤ワイン…100㎖
A
トマト水煮缶…400g
トマトケチャップ…大さじ4
しょうゆ…大さじ2
ローリエ…1枚
バジル（乾燥）**…小さじ2**
パセリ（乾燥）**…小さじ2**
オレガノ（乾燥）**…小さじ2**
スパゲッティ…160g
塩…大さじ1
オリーブ油…大さじ1
パセリ（乾燥）**…適量**

調理時間
50分

作り方

1 野菜を炒める
フライパンにオリーブ油をひき、弱火でタマネギを炒めて透き通ったら、ニンジンを加えて炒める。

2 ひき肉を炒める
ひき肉を加え、塩、コショウ、ナツメグ、クミンをふり、さらに炒める。

3 煮込む
肉の色が変わったら、赤ワインを入れて混ぜ、Aを加えて30分ほど煮込む。塩、コショウ、黒コショウで味を調える。

4 スパゲッティをゆでる、仕上げる
鍋にたっぷりの湯（分量外）を沸かして沸騰したら塩を入れ、袋のゆで時間通りにスパゲッティをゆでる。水けをきり、オリーブ油を混ぜて器に盛り、**3**をかけ、パセリをふる。
※出来上がり後の冷蔵保存3～4日、冷凍保存1か月。

レンチン！

15分で完成 レンチンでミートソース

耐熱ボウルに材料のうちナツメグとクミンを除いて、材料を全て入れて混ぜ、ラップして電子レンジで10分加熱する。全体を混ぜてからラップをせずに再度、電子レンジで5分加熱する。ほぐすように混ぜる。

リッチなミートソースにするなら
牛ロースまたはモモの塊肉を1㎝角に切り、同様の手順で作れば、イタリアンレストランで出てくるラグーソースに！

オススメ

アレンジするなら
ミートソース4人分の内、残りの2人分は小分けして冷凍保存がおすすめです。アレンジするなら、ごはんにかけてミートドリア、パンにのせてミートソーストーストに。

これさえあれば 肉餃子

こね方から焼き方まで私にならって！

テクニック 69

餃子をフライパンに並べてから加熱開始、水を入れるタイミングを厳守

材料（24個分）

豚ひき肉…150g
キャベツ（みじん切り）…100g
塩…少々
A
コショウ…少々
砂糖…ひとつまみ
ごま油…小さじ1
しょうゆ…小さじ1
オイスターソース…小さじ1
長ネギ（みじん切り）…½本分
ショウガ（みじん切り）…10g
餃子の皮…24枚
ごま油…大さじ1
◉羽根の素
薄力粉…小さじ1
水…100mℓ
◉つけだれ
しょうゆ…大さじ4
酢…大さじ2
砂糖…大さじ1
ラー油…適宜

調理時間
30分（ねかせる時間を除く）

作り方

1 下ごしらえ
キャベツに塩をふり、菜箸で混ぜ、水けを絞る。

2 肉だねを作る
ボウルに豚ひき肉、塩を入れ白っぽくなるまでよくこねる。Aを順に加えてその都度よくこねる。1と長ネギ、ショウガを入れて混ぜる。時間があれば冷蔵庫で30分ほどねかせる。

3 餃子の皮で包む
2を餃子の皮の中央にのせ、ギャザーを寄せながら包む。

4 フライパンで蒸し焼きにする
フライパンにごま油をひき餃子を並べてから強火にかける。すぐ混ぜ合わせた羽根の素を加え、蓋をして弱火で5〜6分蒸し焼きにする。

5 フライパンで焼く
水分がなくなったらごま油（分量外）を入れ、さらに1分加熱する。蓋を取って強火で焼き色がつくまで焼き、皿に盛る。

6 つけだれを作る
耐熱容器につけだれの材料を全て入れ、電子レンジで30〜40秒加熱する。お好みでラー油を混ぜる。
※出来上がり後の冷蔵保存3〜4日、冷凍保存1か月。

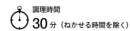

ずぼら！

包まない餃子なら気軽に

羽根の素以外は材料全て同じ！　羽根の素の代わりにお湯を入れてください。

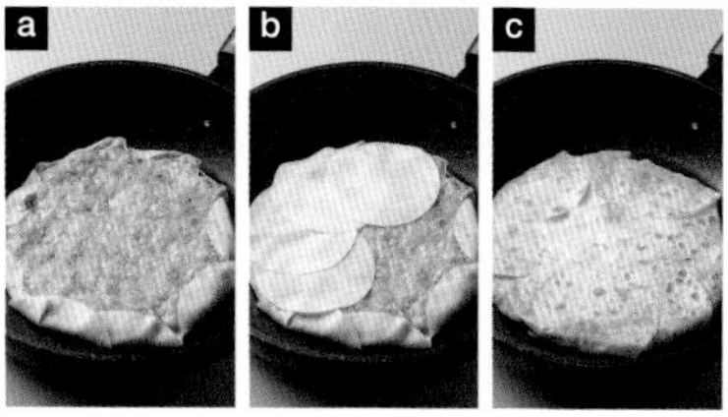

1 フライパンに油を薄くのばし、餃子の皮10枚を円形に敷きつめる。たねをのせ円形にのばす。皮の1枚ずつ内側に折り曲げ（写真a）、皮のふちに水を付け、隙間をあけないようにかぶせる（写真b）。
2フライパンを中火にかけ、約2分焼き、お湯100mℓを注ぎ、蓋をして5〜6分蒸し焼きにする。
3水分がなくなってきたら蓋を取り、裏返してごま油を回し入れ、焼き色を見ながら4〜5分焼く（写真c）。

やわらかジューシー 肉焼売

包んでも包まなくても、何ならレタスでも！

テクニック 70

包む時はやわらかく、成形時に空気を抜く

テクニック 71

蒸す時は強火で、水滴があたらないように布巾を必ず使用

材料（30個分）

豚ひき肉…300g
タマネギ（みじん切り）…1/4個分
片栗粉…大さじ4
塩…少々
砂糖…小さじ1
酒…大さじ1
オイスターソース…小さじ2
ショウガ（みじん切り）…15g
焼売の皮…30枚
レタスの葉…適量
からし、しょうゆ…各適量

調理時間
30分（ねかせる時間を除く）

作り方

1 下ごしらえ
タマネギに片栗粉をまぶす。

2 肉だねを作る
ボウルに豚ひき肉、塩を入れて、白っぽくなるまでよくこねる。砂糖、酒、オイスターソース、ショウガ、**1**の順に入れて、その都度よくこねる。時間があれば冷蔵庫で30分ねかせる。

3 焼売の皮で包む
2を焼売の皮で包む、または、せん切りにした焼売の皮をまぶす（右ページ写真の蒸し器中の右側ふたつ）。

4 蒸し器で蒸す
蒸気の上がった蒸し器にレタスを敷き、**3**を入れ、蓋に布巾をかませたら10分蒸す。からしじょうゆを添える。
※出来上がり後の冷蔵保存1〜2日、冷凍保存1か月。

オススメ

ヘルシーにレタス焼売
焼売の皮の代わりに、電子レンジで加熱したレタスに包んで、レタス焼売にするのもおすすめです。

蒸し器がなければ、フライパンに湯をはった中においた皿にのせ蒸すこともできます。電子レンジでもできますが、どうしても縮んでしまい、食感がかたくなってしまいます。

ほわほわ肉だんご

揚げ温度は二段階で、外カリ中ほわ、お弁当おかずのスター

テクニック 72

ほわほわ食感は優しく大きく成形することで生まれる

テクニック 73

最後は200度で揚げる。こんがり香ばしく、やわらかくジューシーに仕上がる

材料（約15個分）

豚ひき肉…300g
塩…小さじ¼
砂糖…小さじ1
コショウ…少々

A
- 片栗粉…大さじ1
- ごま油…小さじ1
- 紹興酒…大さじ1
- しょうゆ…小さじ1
- ショウガ（すりおろし）…10g
- 溶き卵…1個分

◉甘酢あん
- 水…150mℓ
- 酢…大さじ3
- 砂糖…大さじ4
- しょうゆ…大さじ2
- 紹興酒…大さじ2

揚げ油…適量
水溶き片栗粉（同量の水で溶く）
…大さじ1
白いりごま…適量
水菜（食べやすく切る）…1本

調理時間
20分

作り方

1 肉だねを作る

ボウルにひき肉、塩を入れて白っぽくなるまでよくこねる。砂糖、コショウ、**A**を順に入れて、その都度よくこねる。一口大に成形する。

2 フライパンで甘酢あんを作る

フライパンに甘酢あんの材料を全て入れてひと煮立ちさせる。

3 肉だねを揚げる

1を160度の油でじっくり揚げ、火が通ったら200度に上げてカリッと揚げる。

4 仕上げる

2のフライパンに**3**を入れ、水溶き片栗粉を入れてとろみをつける。器に水菜を敷いて盛り、いりごまをふる。

※出来上がり後の冷蔵保存1〜2日、冷凍保存1か月。

レンチン！

揚げない肉だんご

作り方**1**と同様に肉だねを作り、耐熱容器に並べ、電子レンジで3分30秒加熱する。甘酢あんの材料を全て別の耐熱容器に入れて混ぜ、電子レンジで2分加熱する。ふつふつした熱いうちに水溶き片栗粉を混ぜ、肉だんごを和える。

人気のタイ料理
ガパオライス

ざっくり焼きつけたひき肉がおいしいエスニックな一皿

テクニック
74

ひき肉は崩しすぎないよう、焼き固めるつもりで動かさずに焼く

材料(2人分)

豚ひき肉…300g

A
- **ナンプラー…小さじ2**
- **オイスターソース…30g**
- **しょうゆ…小さじ1**
- **砂糖…小さじ1**
- **酒…小さじ2**

卵…2個
オリーブ油…小さじ1
ニンニク(みじん切り)**…5g**
ピーマン(5㎜角に切る)**…3個分**
赤パプリカ(5㎜角に切る)**…½個分**
塩、コショウ、黒コショウ…各少々
バジルの葉(ざく切り)**…10g**
ライム(くし形切り)**、バジル**(葉)**…各適量**

調理時間
20分

作り方

1 下ごしらえ
Aを混ぜ合わせる。卵は目玉焼きにする。

2 フライパンで炒める
フライパンに油、ニンニクを入れ弱火で熱して香りが出たら、中火にしてひき肉を入れて炒める。ピーマン、赤パプリカを加えて炒め、塩、コショウをふる。

3 調味する、仕上げる
1のAを**2**に加えて混ぜ、バジルを加えて混ぜ合わせ、全体になじんだら火を止める。器にご飯を盛り、その上にかけ、目玉焼きをのせる。黒コショウをふる。ライム、バジルを添える。
※出来上がり後の冷蔵保存〜2日、冷凍保存1か月。

代用オッケー食材
豚ひき肉を鶏ひき肉に変えて、同じ調味料で作ってもOK。

レンチン！

レンチンで簡単ガパオ！

オリーブ油以外の材料は同じ。耐熱ボウルにAとニンニクのすりおろしを入れて混ぜ、豚ひき肉を入れて混ぜる。さらにピーマンと赤パプリカを加えて軽く混ぜる。ラップをして電子レンジで5分加熱し、塩、コショウで味を調える。バジルを加え混ぜる。再びラップして、電子レンジで1分加熱する。ご飯の上にかけて目玉焼きをのせる。

居酒屋のつくね

人気の定番メニューをさらにおいしくやわらかく

テクニック 75

酒を入れてやわらかさと保水性をアップ、肉だねはスプーンを2つ使って成形する

材料(8個分)

鶏ひき肉…200g
塩…少々
A
- コショウ…少々
- 片栗粉…大さじ2
- 酒…大さじ½
- ショウガ(すりおろし)…10g
- 卵白…1個分
- 長ネギ(みじん切り)…½本分

ごま油…小さじ1
◉たれ
- みりん…大さじ2
- しょうゆ…大さじ1
- 砂糖…小さじ1

青じそ…適量
卵黄…1個分

調理時間 20分

作り方

1 肉だねを作る
ボウルにひき肉、塩を入れて、白っぽくなるまでこねる。Aを順に加えて、その都度よくこねる。

2 肉だねを成形する
8等分にした1をスプーンにのせ、もうひとつのスプーンと交互に移しながら小判形に成形する。

3 フライパンで焼く、蒸し焼きする
フライパンにごま油をひき、中火で2の表面を焼いて裏返す。蓋をして弱火にし5〜6分蒸し焼きにする。

4 たれにからめる、仕上げる
中まで火が通ったら、たれの材料を全て加えて絡める。器に青じそを敷き、つくねを盛り、卵黄を添える。

※出来上がり後の冷蔵保存1〜2日、冷凍保存1か月。

ずぼら!

ケーキカット式つくねならラクラク
作り方1の肉だねを成形せず、そのままフライパンで蒸し焼きにしても。たれを絡めたら、ケーキみたいにカット。迫力の一品になります。

5 リッチなステーキ？気さくなトンカツ？

やっと大きな仕事が落ち着いて解放感〜！
今日はご褒美に好きな肉食べちゃうぞ〜♡
久々の早あがり！
じゅるる
もしもしー
僕たち冷凍の牛丼食べてるね！
チンするだけだし
明日のごはんもお肉がいい!!
うちの子たち肉に理解がありすぎる!!
ほろり…
ママーあの人泣いてるー
しーっ見ちゃダメ！
気をとりなおして
…こういう特別な日には

ステーキ
USHINO
ステーキか…
それとも
とんかつか…
トンカツの店 豚吉
ドー
とにかくお肉を
がっつり
食べるなら
ステーキよね…
ハァハァ
いやいや
とんかつなら
ソースや塩との
調和も楽しめる…
うふふ♡
なんて
悩ましいの
かしら!!

リッチで包容力のあるステーキなら
高級感あふれる和牛香に包まれてラグジュアリーな時間が過ごせる…
俺にまかせて
いい香り…
絢ともっとお話したいな
私も!
人懐っこくて気さくなとんかつなら
小気味よい音に心躍らせながらエキサイティングな体験ができる…

さながら2つの愛の間《はざま》で揺れ動く乙女の恋…！
ガララ
困っちゃう
わぁ～
なんだなんだ!?
うっ
ぐう～～～
ステーキハウス
USHINO
トンカツの店
どっちを選べばいいの～～～!?

5

部位を選んで、適切な下処理でよりおいしく

長田絢解説

ねぎらいと癒やしの厚切り肉

牛、豚の厚切り肉は、ステーキ、トンカツなど「ごちそう」の代表格です。厚切り肉料理は肉そのものの味を堪能できますが、その分ごまかしがきかないため、肉選びには慎重さが必要です。

●豚肉の品種

豚の品種には、大ヨークシャー種、中ヨークシャー種、バークシャー種、ランドレース種、ハンプシャー種、デュロック種などがあり、バークシャー種は一般的に黒豚と言われる原種です。旨味が濃くてとても味わい深いです。しかし流通している肉用豚の90％以上は、交雑種になります。純血種を3品種交配したのが「三元豚」と呼ばれ、産地や飼料、生産者によって様々なブランド名がついています。豚肉の銘柄は牛肉以上にたくさんありますので、色々試してみてお好みの味を探しましょう。

牛ステーキに負けず劣らずトンカツは肉料理の王者です。

トンカツに使われる部位は、脂多めの肩ロース肉とロース肉、脂の少ないヒレ肉とモモ肉に分かれます。

ヒレ肉とモモ肉はある程度の大きさの塊で購入して、斜めにそぎ切りにします。赤身

に旨味とコクを足すために塩麹につけるのがおすすめです。パサつかず、しっとりやわらかくなります。パン粉も油の吸収率が高くて食感のよい生パン粉を選びます。

肩ロース肉とロース肉は肉自体の脂の旨味を堪能したいので、パン粉は細目の乾燥パン粉を薄づきにします。反り返りやかたさの原因となるので、下処理の筋切りは丁寧に行ってください。

どちらも衣をつけたらしっかりと手でおさえて、少し時間をおいてなじませてから揚げるといいでしょう。揚げ物は油のきり方にもコツがあります。揚げ上がったら、油に対して肉を垂直にしてから先端だけを油につけてそのまま油が落ちるのを少し待ち、網つきバットに斜めにおいてください。ベチャッとならなくなります。

トンカツはトンカツソースで食べる方が多いと思いますが、岩塩やワサビ、柚子胡椒、からしなどもおすすめです。名古屋地方で多い味噌だれや、暑い季節はおろしポン酢もいいですね。

テクニック 76

冷凍厚切り肉の解凍は12時間前から。調理30分前に冷蔵庫から出して常温にもどす

冷凍厚切り肉は最低12時間前から冷蔵庫に移して、ゆっくり中まで均等に解凍します。急激な温度変化で解凍すると肉のおいしさを損ねます。厚切り肉の調理は計画的に、が合言葉。そして調理前に冷蔵庫から出して、室温で常温にもどすのも大切です。薄切り肉よりも室温において常温になるまで時間がかかりますので、30分以上前に出しておくとよいでしょう。

テクニック 77

肉から出たドリップはペーパータオルでしっかり拭き取る

解凍の際、どうしても肉の表面にドリップが浮いてきます。ドリップは臭みの原因となりますので、しっかり拭き取ってから調理しましょう。

テクニック 78

余分な脂肪を取って、筋切りを

厚切り肉は下処理が重要です。余分な脂肪を取り除き、筋に直角に包丁を当てて切っておきましょう。包丁の代わりに筋切り器があると断然、作業が楽になります。

●牛肉の品種

国産牛は、「肉専用種」「交雑種」「乳用種」に分類されます。和牛は、黒毛和種、褐毛和種、日本短角種、無角和種とそれらの交雑種ですが、国内で肉牛として飼育されているのはほとんどが黒毛和種です。

黒毛和種の特徴はなんといっても芳醇な「和牛香」です。鼻に抜ける和牛香は食欲をかきたて、舌の上でとろける和牛脂はくせになるおいしさです。だから牛脂を使うだけでも料理がおいしくなるのです。

交雑種は和牛と乳用種を掛け合わせたものなので、多くの種類が存在します。最近多いブランド牛も交雑種が増えてきていますし、和牛に比べてお値打ちなので日常的に使いやすいです。霜降りになりにくいですが、乳用種と比べると肉質はよいですし、最近の赤身人気を考えると需要は高まっています。国産牛の乳用種は安価ですが、香りや食感などおいしさの観点からするとどうしても劣ります。

肉料理の最高峰、牛ステーキを制する者は肉料理を制します！　牛ステーキにおすすめの部位を大きくわけるとヒレまたはシャトーブリアン、サーロイン、イチボまたはランプです。それぞれの特徴とおすすめの焼き加減、味つけは次の通り。

ヒレ、シャトーブリアン…やわらかい赤身です。2～3㎝の贅沢な厚みでレア～ミディアムレアがおすすめです。肉の旨味とコクをそのまま味わいたいので、おすすめは塩。味変のお供は、本ワサビのすりおろし、柚子胡椒、黒コショウ、生黒コショウの塩漬けです。塩は必ず天然塩を選びましょう。ステーキには粗めの岩塩をひくのが相性抜群です。

サーロイン…脂と赤身のバランスを楽しむステーキ肉の定番部位。厚すぎると歯ごたえがあるので、1・5～2㎝ぐらい、ミディアム～ウェルダンがおすすめです。こんがり香ばしく焼いたお肉には、ステーキソースにオニオンをきかせても。粒マスタードやディジョンマスタードをたっぷりつけるのも美味です。

ランプ…適度な食感と赤身の旨味を堪能できるオールマイティな部位です。ローストビーフにも向いていますが、ステーキにするならレア～ミディアムがおすすめです。塩、コショウをはじめとしたスパイス系もよく合いますし、ステーキソースでもおいしい。分厚く3㎝強にカットしたステーキ肉には、酸味をきかせたバルサミコソースや具だくさんのキノコ系のソースもよく合います。最高峰はやっぱりトリュフソースです。

揚げ物王者トンカツ
（肩ロース、ロース、ヒレ、モモ）

王者に挑むには、部位ごとに真剣に向き合って

テクニック 79
脂の多い肩ロース肉とロース肉には細かい乾燥パン粉を使う

テクニック 80
脂の少ないヒレ肉とモモ肉は塩麹でしっとりさせ、吸油率の高い粗めの生パン粉を使う

テクニック 81
パン粉はギュッと押しつけて、10分おいてなじませる

テクニック 82
油から上げる前にトンカツを縦にして先端だけを5秒つけたままにして油をきる

テクニック 83
衣をつぶさないよう揚げ物用の網とバットは必需品

材料（各2人分）

◉ロース・肩ロース
- 豚肩ロース肉またはロース肉（厚切り）…2枚
- 塩・コショウ…各少々

◉ヒレ・モモ
- 豚ヒレ肉または豚モモ肉（塊）…300g
- 塩麹（市販品）…30g

◉衣
- 薄力粉、溶き卵…各適量
- 細かい乾燥パン粉（豚肩ロース・ロース用）…適量
- 粗い生パン粉（豚ヒレ・豚モモ用）…適量

揚げ油…適量
お好みで塩、からし、柚子胡椒、ソースなど…適宜

◉つけ合わせ
- キャベツ（せん切り）、トマト（くし形切り）、レモン（くし形切り）…各適量

調理時間 25分

作り方

1 下ごしらえ
ロースと肩ロースは筋切りをして、フォークで細かく穴をあけ、両面に塩とコショウをふる。ヒレ、モモは1.5㎝厚にそぎ切りして、フォークで細かく穴をあけ、塩麹をもみ込み30分以上おく。

2 衣をつける
肉に薄力粉をつけて余分な粉を落とし、溶き卵にくぐらせる。パン粉の上におき、上からパン粉をかけてギュッと押さえる。時間があれば冷蔵庫で30分おく。

3 揚げる
170度の油で揚げる。浮いてきたら一旦取り出し、200度に上げてさっと揚げる。器に盛り、キャベツ、トマト、レモンを添える。お好みで塩、からし、柚子胡椒、ソースなどをつける。

※出来上がり後の冷蔵保存1〜2日、冷凍保存1か月。

昔ながらのポークチャップ

関東の定番、喫茶店の味は切り落とし肉でもいける

テクニック 84

タマネギの酵素の力で肉をやわらかくし、ソースに甘味ととろみをプラス

材料(2人分)

豚肩ロース肉(厚切り)**…2枚**(約150g/枚)
塩、コショウ…各少々
薄力粉…大さじ1
バター…20g
◉ソース(混ぜ合わせておく)
水…50mℓ
タマネギ(すりおろし)**…¼個分**
ニンニク(すりおろし)**…5g**
トマトケチャップ… 大さじ3
ウスターソース…大さじ2
赤ワイン…大さじ1
しょうゆ…大さじ1
◉つけ合わせ
フリルレタス…適量

調理時間
25分

作り方

1 下ごしらえ
豚肉は筋切りをして、包丁の背で軽く全体を叩く。塩、コショウをふり、茶こしで薄力粉をまぶす。

2 フライパンで焼く、調味する
フライパンにバターを入れて熱し、豚肉を中火で両面を焼く。焼き色がついたら火を弱め、ソースを入れて、絡めながら煮つめる。器にフリルレタスを敷き、盛り付ける。
※出来上がり後の冷蔵保存1〜2日、冷凍保存1か月

節約&作り置き!

厚切りの豚肩ロース肉ではなく、豚こま切れ肉を使えば節約に。保存袋に、豚こま切れ肉300gをほぐして塩、コショウ、薄力粉をふって入れ、ソースの材料を全て加えてもみ込み、30分以上おく。フライパンにバターを熱して中火で焼く。

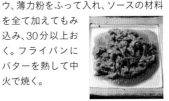

作りおき!

保存袋に入れた状態で冷凍して作りおきにしましょう(たれがしみやすいので、たれは少なめでOK)。自然解凍か電子レンジで半解凍してから焼いてください。

危険なトンテキ

ニンニクがきいてごはんが止まらなくなる旨さ

テクニック
85

ニンニクの香りをしっかり移した油で焼く。カリカリニンニクを添える

材料（2人分）

豚肩ロース肉（厚切り）…**2枚**（約150g/1枚）
塩、コショウ…各少々
薄力粉…大さじ1
ごま油…大さじ1
ニンニク（薄切り）…**1片分**
◉ソース（混ぜ合わせておく）
- **しょうゆ…大さじ2**
- **みりん…大さじ2**
- **ウスターソース…大さじ2**
- **オイスターソース…大さじ1**
- **ハチミツ…大さじ½**
- **酢…小さじ1**

◉つけ合わせ
- **キャベツ**（ざく切にして塩ゆでする）**…適量**

調理時間
25分（寝かせる時間を除く）

作り方

1 下ごしらえする
豚肉は筋切りをして包丁の背で軽く全体を叩き、上面をグローブ形になるよう切り込みを入れる。塩、コショウをふり、茶こしで薄力粉をまぶす。

2 フライパンでニンニクを焼く
フライパンにごま油を熱し、ニンニクを入れてこんがりとした色になるまで弱火で焼いたら、取り出しておく。

3 肉を焼く、調味する
2のフライパンに肉を入れて中火で両面をこんがり焼く。焼き色がついたら火を弱め、ソースを入れて、絡めながら煮つめる。皿にキャベツ、肉を盛り、ニンニクを添える。

※出来上がり後の冷蔵保存1〜2日、冷凍保存1か月。

節約＆作り置き！

厚切りの豚肩ロース肉ではなく、豚こま切れ肉を使えば節約に。保存袋に、豚こま切れ肉300gをほぐして塩、コショウ、薄力粉をふって入れ、ソースの材料すべてを加えてもみ込み、30分以上おく。フライパンにごま油を熱し、ニンニクを焼いて取り出し、肉を焼く。焼いた肉にニンニクを添える。

作りおき！

保存袋に入れた状態で冷凍して作りおきにしましょう（たれがしみやすいので、少なめでOK）。自然解凍か電子レンジで半解凍してから焼いてください。

無敵の牛ステーキ

肉料理の最高峰！スーパーの肉を最高においしく食べる

テクニック 86 自然塩は必ず直前に。肉の重量の0.8%を全体にふり、牛脂とバターで焼く

テクニック 87 火入れはアルミホイルをかぶせて、余熱5分で仕上げる

材料（2人分）

牛ヒレ肉（2.5㎝厚）…2枚
自然塩…肉重量の0.8%
牛脂…1個
◉つけ合わせ
｜クレソン、マイクロトマト…各適量
岩塩、黒コショウ、ワサビ…各適宜

調理時間
20分

作り方

1 下ごしらえ
牛肉は調理する30分以上前に冷蔵庫から出して常温に戻す。焼く直前に、塩をふる。

2 フライパンで焼く
フライパンを熱して牛脂を入れ、盛りつける時に表になる側を下にして、中火で1分ほど焼く。裏返して両面に焼き色がついたら、弱火にして5〜6分焼く。

3 アルミホイルで包む、仕上げる
焼き上がったら肉をアルミホイルで包み、5分おく。器に盛り、クレソン、マイクロトマトを添える。お好みで岩塩、黒コショウ、ワサビをつけて食べる。
※出来上がり後の冷蔵保存1〜2日、冷凍保存不可。

塩は肉の重量に対して決まるので、面倒がらずに肉の重さをはかり（デジタルスケール）で計ってくださいね。面倒な計算はスマホなどのスマートスピーカーにお願いしちゃうと楽ですよ。

オススメ

ランプやサーロインもオススメ
ランプやサーロインはソースで食べるのがおすすめです。よく作るステーキソースは、赤ワイン50㎖、しょうゆ小さじ2、バター10gを、肉を焼いたフライパンで煮たたせます。脂が多いサーロインは、バルサミコ酢を少し加えるとバランスがよくなります。そこにトリュフを削って加えたら最高に贅沢な一皿に。

赤身の旨味 ビーフカツ

衣とソースに一工夫、安い赤身肉が見事に化ける

テクニック 88 肉を叩くのは空き瓶、筋切りは筋切り器が便利

テクニック 89 ドリップはしっかり拭き取り、200度で3分揚げる

材料（2人分）

牛モモ肉（厚切り）**…2枚**
塩、コショウ…各少々
薄力粉…適量
溶き卵…1個分
◉衣（混ぜ合わせておく）
- **粉チーズ…30g**
- **パン粉…40g**
- **パセリ**（乾燥）**…大さじ1**

揚げ油…適量
バター…20g
◉トマトソース
- **オリーブ油…大さじ1**
- **ニンニク**（みじん切り）**…5g**
- **タマネギ**（みじん切り）**…大さじ2**
- **白ワイン…大さじ2**
- **トマトピューレ…100g**
- **トマトケチャップ…大さじ1**
- **ウスターソース…大さじ1**

レモン（くし形切り）**、イタリアンパセリ…各適宜**

調理時間 25分

作り方

1 トマトソースを作る
小鍋にオリーブ油を熱し、ニンニクを入れて香りが出たらタマネギを炒める。タマネギが透き通ったら白ワインを入れてひと煮立ちさせ、トマトピューレ、トマトケチャップ、ウスターソースを加えてとろみが出るまで煮つめる。

2 衣をつける
牛肉を空き瓶で叩いてのばし、塩、コショウをふる。薄力粉、溶き卵をつけ、衣をしっかりつける。

3 フライパンで揚げる、仕上げる
フライパンに1cmほどの油を熱してバターを入れ、弱火で温度が上がりすぎないよう注意しながら、170度で**2**を揚げる。火が通ったら一旦取り出し、200度の油で再度さっと揚げる。皿に盛り、トマトソースをかける。お好みでレモン、イタリアンパセリを添える。

※出来上がり後の冷蔵保存1〜2日、冷凍保存1か月。

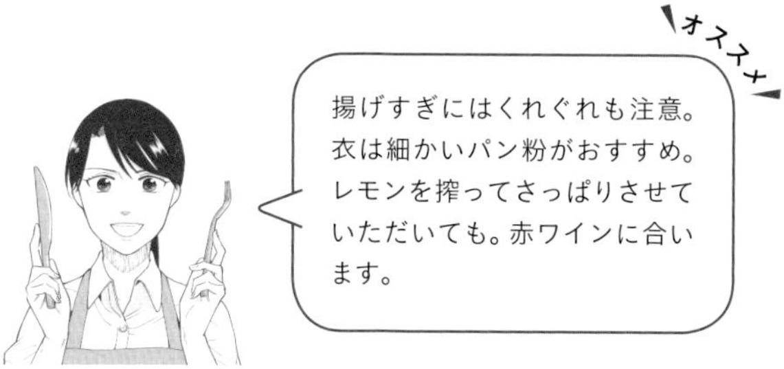
オススメ
揚げすぎにはくれぐれも注意。衣は細かいパン粉がおすすめ。レモンを搾ってさっぱりさせていただいても。赤ワインに合います。

6 肉の大きさが愛の大きさ！

本日はお時間頂きありがとうございました
また楽しい打ち上げになるよう企画を成功させてください
もちろんです！
それで…ちょっと絢さんに相談があるんだけど…
先日妻とケンカしちゃって
仲直りのために来週の結婚記念日に
手料理を振る舞いたいんだ
ぜひ私に任せてください！

記念日なら塊肉に決まりですね！
少々お待ちください さっそくお肉を予約するんで
えっ
もしもし？はい私です
牛モモ肉10キロお願いします！
じゅっ!?
ではまた来週
ちょっ…
二人だけだしそんなに食べきれないよ!?
10キロ!?
落ち着いてください！
LOVE
肉の大きさが愛の大きさですよ！
君が落ち着きたまえ！
結婚記念日
ふ
なんとか完成したぞ

喜んでくれるかな…
ドキ
ドキ
ガチャン
おかえり
…ふん
あの…料理を作ったんだ一緒に食事しないか？
本当にあなたが全部？
うんコンビーフは5日前から仕込んでたんだ

君と仲直りしたくて…
これくらいで許すと思ったら…
ぱくっ
このステーキおいしい…
本当か!?
うっ
でもまだまだね火が強すぎて固くなってる
…来年の結婚記念日までに腕を上げてよね
もっ
もちろんだとも!
やっぱりお肉は世界を救うのね…!
ニヤリ
肉の大きさが愛の大きさだね!
勝手に人んち入っていいの?

6

長田絢解説

塊肉を余すところなく使う、食べ尽くす

調理した達成感、食べた時の満足度は最高値

塊肉を使った料理というと、非日常的なエンタメ性の高い食卓シーンをつい想像してしまいます。「おもてなし」とか「パーティー料理」といったイメージですね。

しかし、塊肉は決して非日常の料理に限定されるものではありません。むしろ塊肉であるからこそ、調理した達成感や、食べた時の満足度が高いもの。量が多いのでそれなりの価格になってしまうのですが、そこに怖気づく必要はありません！

塊肉をそのまま調理することができるローストポーク（１５２ページ）や、ローストビーフ（１５４ページ）のような料理もありますので、意外に手間はかからないものです。

また量が多いことを活かして、作りおき料理にするのは賢い選択ともいえます。時間のある日に大量に作っておいて、何度かに分けて食べることを考えたら、決して高いとは感じなくなるでしょう。値段だけを見て敬遠してしまうのは今日でおしまいにしませんか。

テクニック 90

スーパーの精肉売場では担当者に作りたい料理を明確に伝えて予約する

塊肉は店頭で販売されていることもありますが、スーパーの精肉売場担当者や、対面

式のお肉屋さんに直接オーダーすると理想に近いものが手に入ります。

その際には、「牛モモ肉３００gをカットしてもらえますか？　ローストビーフを作りたいんです」というように、明確に作りたい料理を伝えることが大切です。完成した料理のイメージがお店の人と共有できると、最適なお肉を選んでくれるでしょう。

また最近では、塊肉にプロがひと手間かけた熟成肉がスーパーにも並ぶようになりました。熟成方法の違いで、ドライエイジング、ウエットエイジングがあります。

ドライエイジングはお肉に独特のナッツのような香りが広がり、旨味が強いのが特徴です。歯切れのよい肉質は感動モノです。

ウエットエイジングは、氷温熟成といって、凍るか凍らないかの温度で熟成させる方法で、旨味成分が増すことがわかっています。ウエットエイジングはくせが出ないので、煮込み料理や和食に使っても料理の邪魔をすることなく、おいしさを底上げしてくれます。

ブランド牛としては、長野県平谷村産「ひらやの輝跡」の氷温熟成ビーフや三重県産「竹内牧場の松阪牛」、赤身のおいしさがやみつきになる熊本のくまもとあか牛や、北海道の短角牛、和牛香と脂の甘味がたまらない飛騨牛、近江牛、神戸ビーフ、みかわ牛。愛知県産では、下村牛、源氏和牛、段戸山高原牛という一生産者指定のブランド牛も多く存在し、確かな品質で特別なおいしさです。

ほったらかしローストポーク

3日ほったらかせばできる豚塊肉の活用法

テクニック 91

塩はしっかりすり込み、クローブは肉に刺し、ローリエはパックのように貼りつける

テクニック 92

120度で1時間焼きが肉をしっとりやわらかく仕上げる。中心温度62度を目指す

材料（作りやすい分量）

豚モモ肉（塊）…500g
塩…大さじ½
オリーブ油…大さじ1
◉スパイス・ハーブ
　クローブ…5個
　ローリエ…1枚
　タイム（乾燥）…小さじ½
　オレガノ（乾燥）…小さじ½
　ローズマリー（乾燥）…小さじ½
トマトケチャップ、マスタード…各適宜

調理時間
80分（ねかす時間を除く）

オススメ
いろいろなスパイスを揃えるのが面倒な時は塩だけでもOK！

作り方

1　下ごしらえ、冷蔵庫でねかせる
豚肉に塩、スパイス、ハーブをすり込む。保存袋に入れて、1～3日ねかせる。

2　フライパンで焼く
1を保存袋から出して水分をペーパータオルでしっかり拭き取る。フライパンにオリーブ油を熱し、弱火で肉の表面全体を色が変わるぐらいまで焼く。

3　オーブンで焼く、仕上げる
120度に予熱したオーブンで1時間焼く。あら熱が取れたら冷蔵庫で冷やし、薄くスライスして皿に盛る。お好みでトマトケチャップ、マスタードを添える。

※出来上がり後の冷蔵保存3～4日、冷凍保存1か月。

成功率100%。アレンジしても絶品。「うにく」は悶絶級

塊肉代表
ローストビーフ
ブルーベリーソース添え

テクニック 93

絶対失敗しないローストビーフは 70 ～ 80 度のお湯の中で作る

材料（作りやすい分量）

牛モモ肉（塊）…300g
塩、コショウ、黒コショウ…各少々
オリーブ油…大さじ1
◉ブルーベリーソース
　ブルーベリー（生または冷凍）
　　…80g
　赤ワイン…50㎖
　砂糖…大さじ2
　しょうゆ…大さじ2
　バルサミコ酢…大さじ1
　塩、コショウ…各少々
ベビーリーフ…適宜

調理時間
45分（冷やす時間を除く）

作り方

1　下ごしらえ
常温に戻した肉に塩、コショウ、黒コショウをすりこむ。

2　フライパンで焼く
フライパンにオリーブ油を中火で熱し、1を入れて、肉の表面全体の色が変わって焼き色がつくまで焼く。

3　鍋でゆでる、余熱で火を通す
2をラップに包み、耐熱性の保存袋に入れ空気を抜き、しっかり閉じて輪ゴムでとめる。鍋にお湯を沸かし、保存袋のまま肉を入れて3分ゆでる。火を止めて、蓋をして30分ほどそのままおき、余熱で火を通す。

4　冷蔵庫で冷やす
鍋から取り出してあら熱を取り、冷蔵庫で半日ほど冷やしてからスライスし、ベビーリーフと器に盛る。

5　ソースを作る、仕上げる
鍋にソースの材料を全て入れ、ブルーベリーを潰しながら弱火で4～5分煮つめて添える。
※出来上がり後の冷蔵保存2～3日、冷凍保存1か月。

オススメ

ブルーベリーの代わりにいちごを入れてソースを作ってもおいしいです。ブルーベリー以外の材料、作り方は同じです。また、定番のホースラディッシュ、山ワサビ＋チーズのすりおろしも絶品です。いろいろ試してみてくださいね。

オススメ

ウニをたっぷりのせた「うにく」も最高です！ 薄くスライスしたローストビーフにウニをたっぷりのせ花穂じそを添えます。しょうゆを少々つけて召し上がってください。もちろんご飯の上にのせても悶絶級においしいです（大人の贅沢！）。

自家製極上チャーシュー

ラーメンの具やチャーハンのトッピングでも楽しんで

テクニック 94

肉をフォークで刺して味をしみこませやすくする。タコ糸は焼いた後に巻く

材料（作りやすい分量）

豚肩ロース（塊）…500g
塩、コショウ…各少々
油…大さじ1
長ネギ（青い部分）…1本分
ショウガ（薄切り）…1片分
◉煮汁
水…400mℓ
しょうゆ…100mℓ
酒…50mℓ
みりん…50mℓ
砂糖…大さじ2
長ネギ（白い部分を細く切る）…½本分

調理時間
150分（冷やす時間を除く）

時短！

圧力鍋を使う場合は、作り方**3**で40分加圧して、自然減圧させてくださいね。

作り方

1 下ごしらえ
豚肉は全体をフォークで刺し、塩、コショウをよくもみ込む。

2 フライパンで焼く
フライパンに油をひいて中火で熱し、**1**の肉の表面全体に焼き色がつくまで焼きつける。煮崩れ防止のタコ糸を巻く時はここで巻く。

3 鍋で煮る
鍋に長ネギ、ショウガ、煮汁の材料を全てと**2**を入れて、蓋をして弱火で1時間半～2時間煮る。途中で2～3回返す。やわらかくなったら、蓋をとって煮汁がとろっとするまで煮詰め火を止める。

4 仕上げる
あら熱が取れたら冷蔵庫で冷やし、お好みの厚さにスライスする。器に盛り、長ネギの白い部分を添える。

※出来上がり後の冷蔵保存3～4日、冷凍保存1か月。

アレンジ

紅茶と五香粉のチャーシュー

材料のうち、煮汁の材料を以下に変えて、作り方**1**～**3**と同じように作ればOK。食欲がそそられる香りです。

煮汁の材料

水…400mℓ
しょうゆ…100mℓ
紹興酒…50mℓ
みりん…50mℓ
紅茶のティーバッグ…2袋
ハチミツ…大さじ2
五香粉…小さじ1
シナモンスティック…1本
八角…2個

2度楽しめる塩豚

煮ても焼いても旨い。ねかせる日数で仕上げを変えて楽しむ

テクニック 95

砂糖で保水、パサつきを防ぐにはゆで汁の中で冷ます。焼く順番を決めて焼きすぎを防ぐ

塩豚の材料

豚肩ロース肉（塊）…500g（バラ肉でも可）
砂糖…小さじ1
塩…小さじ2

作り方

豚肉はフォークで刺して穴をあけ、砂糖、塩をすり込む。ペーパータオルで包んでラップを巻く。塩豚ソテーにする場合は1～2日、ゆで塩豚にする場合は3～4日冷蔵庫でねかせる。

下ごしらえ後、1～2日ねかせたら

塩豚ソテーでサムギョプサル

材料（2人分）

塩豚…250g
◉コチュジャンだれ
　コチュジャン、味噌…各大さじ1
　白すりごま…大さじ½
　酒…大さじ½
　ごま油…小さじ½
　ニンニク（すりおろし）…小さじ½

※酒は加熱しないので、子どもやアルコール不可の場合は水に変更する。

◉つけ合わせ
　サンチュ…適量
　エゴマの葉…適量
　キュウリ（せん切り）…½本分

作り方

1～2日ねかせた塩豚から4～5ミリ厚で好みの量を切り出し、筋切りする。フライパンを中火で熱して、肉の両面をこんがりと焼く。コチュジャンだれを全て混ぜ合わせて、お好みの野菜と肉を皿に盛り、たれを添える。

下ごしらえ後、3～4日ねかせたら

ゆで塩豚

材料（2人分）

塩豚…250g
水…400mℓ
酒…大さじ2
長ネギ（青い部分）…1本分
ショウガ（薄切り）…1片分
◉ソース
　からしじょうゆ、旨味だれ（P.89）など…適宜

作り方

下ごしらえ後の肉を鍋でゆでる

3～4日ねかせた塩豚を水、酒、長ネギ、ショウガを入れて沸かした鍋で1時間ほどゆでる。お好みのサイズにカットし、からしじょうゆや旨味だれを添える。

※ゆで塩豚の出来上がり後の冷蔵保存3～4日、冷凍保存1か月。

オススメ

肉をフライパンに入れて焼く時は、時計回りに置くなどルールを決めておくと焼き過ぎが防げます。塩豚は他にも焼きそばやパスタ、スープの具など万能に使えます。ゆで汁ごと容器に入れて冷蔵庫で保存してください。

とろける豚の角煮

安くてどこのスーパーでも手に入るもっとも身近な塊肉

テクニック
96

下ゆでして水洗いし、余分な脂と臭みをしっかり落とす

材料（作りやすい分量）

豚バラ肉（塊）…500g
長ネギ（青い部分）…1本分
ショウガ（薄切り）…1片分
◉煮汁
水…200㎖
しょうゆ…50㎖
酒…50㎖
みりん…50㎖
ザラメ…大さじ2
◉つけ合わせ
ホウレン草（ゆでて3cm長さに切る）、
ゆで卵（ゆでて半分に切る）、**からし**…各適宜

調理時間
90分

作り方

1 下ゆでする
豚バラ肉は5cm角に切る。鍋に肉とたっぷりの水（分量外）を入れて強火で沸かし、下ゆでする。流水でアクや脂をしっかり洗い落とす。

2 鍋で煮る、仕上げる
鍋に長ネギ、ショウガ、煮汁の材料全てと**1**を入れて蓋をして弱火で1時間煮る。器に盛りつけ、ホウレン草、ゆで卵、からしを添える。
※出来上がり後の冷蔵保存2〜3日、冷凍保存1か月。

オススメ

圧力鍋の場合は、30分加圧して自然減圧してください。肉の煮汁にゆで卵を漬け込んでおくとおいしい煮玉子になります。

アレンジ

中華風もおすすめ

煮汁を以下に変えて、下ゆでした豚バラ肉を作り方**2**と同様に煮るとおいしいトンポーローになります。
中華風の味つけは牛バラ肉に変えてもおいしいです。

◉煮汁
水…200㎖
しょうゆ…50㎖
紹興酒…50㎖
みりん…50㎖
黒糖…大さじ1
八角…2個
黒酢…大さじ1
ハチミツ…大さじ1

5日間の辛抱以上の幸福がここに！

本物のコンビーフ

テクニック 97

香味野菜と調味液でマリネして5日間 ねかせてから煮込めば深い味わいのホロホロ肉に

材料（作りやすい分量）

牛モモ肉…500g
砂糖…小さじ2
塩…大さじ1
黒コショウ…少々
タマネギ（薄切り）…¼個分
セロリの葉（ざく切り）…1本分
ローリエ…1枚

調理時間
100分（ねかせる時間を除く）

作り方

1　下ごしらえする、冷蔵庫でねかせる
牛肉に砂糖、塩、黒コショウをふり、タマネギ、セロリ、ローリエを貼ってペーパータオルに包み、保存袋に入れて冷蔵庫で5日ねかせる。1日1回ペーパータオルをとりかえる。

2　鍋で煮る
鍋に湯（分量外）を沸かし、**1**を保存袋から出して中火でゆでる。アクが浮き上がってきたら取り除き、弱火にし、1時間半ほど煮る。

牛モモ肉ではなく牛スネ肉で作ったら安上がり。圧力鍋使用の場合は1時間加圧、自然減圧してください。

調味料をすり込んでねかせておけば、あとはホロホロになるまで煮るだけ。たっぷり作っておけば、サンドイッチはもちろん、コンビーフポテト、スープなどにアレンジ自在！

アレンジ！

コンビーフポテトの作り方！

一口大に切ったジャガイモを水にさらしザルに上げる。電子レンジで3分加熱しオリーブ油で炒め、コンビーフを加えてさっと混ぜる。塩、黒コショウで味を調える。

絶品ビーフシチュー

家のごはんが特別な日のテーブルに早変わりする逸品

テクニック 98

スパイスやワインを駆使して煮込めば安い輸入牛肉でも極上になる

材料（2人分）

牛モモ肉（5cm角に切る）**…300g**
オリーブ油…大さじ1
セロリ（3等分）**…1本分**
ニンニク（みじん切り）**…5g**
タマネギ（薄切り）**…½個分**
ニンジン（乱切り）**…1本分**

A
- **肉のゆで汁**（作り方2）**…200mℓ**
- **トマト水煮缶…100g**
- **赤ワイン…200mℓ**
- **ブーケガルニ**（市販品）**…1袋**

マッシュルーム（半分に切る）**…4個分**

B
- **バター…大さじ1**
- **ハチミツ…大さじ1**
- **トマトケチャップ…大さじ1**
- **ウスターソース…大さじ3**
- **バルサミコ酢…小さじ1**
- **チョコレート…5g**

ジャガイモ（ゆでて半分に切る）**…1個分**
塩、コショウ、黒コショウ…各少々
生クリーム…適量
パセリ（みじん切り）**…適量**

調理時間
150分

作り方

1 フライパンで焼く
牛肉に塩、コショウをふる。フライパンにオリーブ油をひいて中火で熱し、牛肉を焼いて取り出す。

2 鍋で野菜の皮と肉を煮る
鍋に**1**、タマネギとニンジンの皮、セロリ、たっぷりの水（分量外）を入れてアクを取りながら弱火で1時間煮て、肉を取り出す。ゆで汁200mℓをとっておく。

3 フライパンで野菜を炒める
1のフライパンでニンニクを弱火で炒め、香りが出たらタマネギ、ニンジンも炒める。

4 鍋で調味して煮る
別の鍋に**2**の肉、**3**と**A**を入れて弱火で30〜40分ほど煮込む。マッシュルーム、**B**を入れて、さらに約30分、ときどきかき混ぜながら煮る。

5 仕上げる
ジャガイモを入れ、塩、コショウ、黒コショウで味を調える。皿に盛り、生クリームをまわしかけ、パセリをふる。

※出来上がり後の冷蔵保存2〜3日、冷凍保存1か月。

オススメ

牛こま切れ肉を使えば、煮込み時間短縮に！
肉に塩、コショウをふってオリーブ油を熱して焼く。いったん取り出し、ニンニクを炒め、香りが出たらタマネギとニンジンを炒める。肉を戻し、**A**のゆで汁を水に変えて加えて弱火で15分ほど煮込む。マッシュルームと**B**を入れてさらに約15分煮て、同様に仕上げる。

オススメ

もし牛ホホ肉が入手できるなら、脂があるのでよりやわらかでオススメ。お好みで牛タンでも。牛スネ肉にすると超安上がり。作り方**2**で圧力鍋を使用する場合30分加圧後、自然減圧してください。

欧風ビーフカレー

スパイスとワインの力、ねかせて専門店の深い味に

テクニック 99

一晩ねかせて、すべての味をなじませる。温め直す時は焦がさないように注意

材料（4～5人分）

牛モモ肉（大きめの一口大に切る）…500g
塩…小さじ⅓
コショウ…少々
オリーブ油…大さじ1
バター…15g

A
- シナモンスティック…1本
- クローブシード…8個
- カルダモンホール…5個
- ブラックペッパー…10粒
- クミンシード…大さじ½
- マスタードシード…大さじ½
- ニンニク（すりおろし）…10g
- ショウガ（すりおろし）…10g

B
- 赤ワイン…200mℓ
- 水…200mℓ
- ブーケガルニ（市販品）…1袋
- ローリエ…2枚

タマネギ（薄切り）…2個分
カレー粉…25g

C
- ニンジン…½本
- リンゴ…½個
- 水…150mℓ

D
- トマトケチャップ…大さじ1
- ウスターソース…大さじ1
- しょうゆ…大さじ1
- ハチミツ…大さじ1
- ブルーベリージャム…大さじ1
- トマトピューレ…100g

ご飯…お好みの分量
福神漬…適宜

調理時間
200分（ねかせる時間を除く）

作り方

1 鍋で肉を焼く
牛肉に塩、コショウをふる。鍋にオリーブ油、バター、Aを入れて弱火で熱し、香りが出たら少し火を強め、肉を入れて表面全体を焼く。

2 鍋で煮る
1にBを入れ蓋をして、肉がやわらかくなるまで弱火で1時間半ほど煮込む。

3 フライパンでタマネギを炒める
フライパンを中火で熱し、タマネギを入れて炒める。しんなりしたら塩少々、水大さじ2（分量外）を少しずつ加え、タマネギが飴色になるまで炒める。

4 カレーの素を作る
3を弱火にしてカレー粉を入れ、水大さじ2（分量外）を加え混ぜて引きのばし、肉がやわらかくなった2に混ぜ入れる。

5 Cをミキサーにかける
Cの材料を全てミキサーにかけてペースト状にし、2に加える。

6 鍋で煮る、一晩ねかせる
2の鍋にDを加え、弱火でさらに1時間ほど煮込む。塩、コショウで味を調え、そのまま一晩ねかせる。

7 仕上げる
6を弱火で温め直し、器にご飯を盛り、カレーをかける。お好みで福神漬を添える。

作り方6の出来上がりはしゃばしゃばしていますが、一晩ねかせるとなじんで落ち着きます。スパイス類は取り除きながら召し上がってください。牛スネ肉や牛スジ肉でもおいしくできます。

スーパーのまとめ買いセールで迷わなくなる「1日1肉」の1週間献立

ちょっとの手間で肉三昧の幸せな1週間が過ごせるよう、まとめ買いと作りおきを最大限に活用しましょう。

テクニック 100

肉の買い出しは、①まとめ買い、②用途に応じて小分け、③下味をつけて冷凍

日曜日▼

豚こま切れ肉「3パックまとめ買いセール」で2セット購入。まずは豚丼（28ページ）を作って保存袋に小分けして冷凍庫へ。もう3パックは半分に分けてポークチャップ味（１３８ページ）とトンテキ味（１４０ページ）にして冷凍。鶏ムネ肉も忘れずに。すぐに鶏ハム用に漬け込みます（92ページ）。豚肩ロース塊でチャーシュー（１５６ページ）を煮ておきましょう。材料を揃えて鍋に入れてしまえば簡単です。精肉コーナーには「よりどり3パックセール」という魅力も。悩んだ末、鶏モモ肉をゲット。2パックは半分に切って塩、コショウをふって保存袋に入れ、冷蔵庫で2日間ねかせてチキンソテーに（84ページ）。残り１パックは今夜の鶏のから揚げ（76ページ）に。下味をつけてねかせておきます。そして今日の夕食はひき肉でハンバーグ（１０８ページ）。昼間のうちに、子どもたちにこねてもらって、冷蔵庫でねかせておけばあとは焼くだけ。

月曜日▼　いよいよ今日から作りおきが大活躍。夕食はチャーシューに野菜を添えたのをメインに！　しかしそれでは済まず、夜中に誘惑に負けて、インスタントラーメンにチャーシューをのっけて食べてしまった…。

火曜日▼　チキンソテー用に漬け込んだ鶏モモ肉は塩が浸透して水分が抜けてきた頃。焼いてしまいましょう。（ジュー……）わー、パリパリ！　2日間待った甲斐あり。

水曜日▼　漬けて3日目、鶏ハムの漬け込み完了。塩抜きして鍋で2分間ぐらぐら、余熱でそのまま火を通せば鶏ハムの完成。カットしてそのままでもステーキに、ゆで汁で具だくさんスープも。

木曜日▼　すっかり帰りが遅くなっちゃった。こういう時こそ豚丼3食分！

金曜日▼　週の最後はゆっくりしたいから解凍して焼くだけのポークチャップにするか、トンテキにするか迷いながら目が覚めた朝。夜に備えて冷凍庫から冷蔵庫に移しておかなきゃ。

土曜日▼　週末は肉を揃えて焼くだけの焼肉（56ページ）で。「手抜きしちゃった」という罪悪感は自家製の焼肉のたれを作ることで解消。

エピローグ さあ、肉道を一緒に！

むにゃ…
私たちは一体…
ふぁ〜〜
肉のこと叩き込まれた気がするんだけど
そうそう…スーパーの肉でも調理次第でおいしく食べられるんだよな
高い肉だけが良い肉だと思ってたけどそんなことなかったよ
まずは肉を理解することがおいしく食べる秘訣なのよね
そう…大切なのは肉への愛！
I ♡ MEAT
絢さん!!

これで あなたたちも 肉道への一歩を 踏み出したわね
うん うん
僕らは 兄弟子だけど 今まで通り 接してくれて いいので
ので！
えっへん!!
いつの間にか 入信したことに なってる!!
てか肉道って何!?
これから 肉道を極める ための
3つの ステップを さっそく 紹介するわ！
さすが絢さん 仕事が速い
その1！
お肉検定 1級に合格 すること！
まずは 知識から！
ぼくらは 2級合格した！
お肉検定 なんて あるんだ…
その2！ 生産現場を 知ること！
…せ 生産現場？

日本…いいえ世界中の生産者の方々は
おいしいお肉のため日々大切に家畜を育てているの
どんな環境でどんな飼料を食べているのか
生産者のこだわりはお肉にどう表現されているのか
自分の目と舌で確かめることでさらに肉への愛が深まるの！
モー
おいしくなって…
思ってた以上に深い愛！
最後にその3！狩猟免許を取ること！
狩猟免許(わな猟)有資格者
絢さんって一体何者…？
さぁ…
お肉を食べることは命をいただくということ…

お肉を授けてくれる自然の恵みに日々感謝しているわ…
肉に対する覚悟が違いすぎる…！
旅行の時もどこで何肉を食べるか事前にリサーチしたり
お中元や誕生日に相手の好みやライフスタイルに合った肉をプレゼントしたり…
Check!
Gift
え？これ私たちもやるの…？
これが肉道を極めるってことよ！
さぁ一緒に肉道を進みましょう!!
☆私たちの肉道は始まったばかりー…!!

おわりに

長田絢より肉好きさんへ

最後までお読みいただきありがとうございました。

本書で紹介した48のレシピはお肉が主役の家庭料理の中から家族に好評のメニューや私の大好物を厳選しました。肉道のレシピとしては本当に入門編、まだまだ魅力的な肉料理はたくさんありますので、これからも皆さんと共に私も肉道を極めたいと思います。私は本来不器用で面倒くさがりですが、基本のテクニックを覚えたら失敗がなくなり、出来上がりの達成感や「食べたい欲」の方が強くなって、料理自体を楽しめるようになりました。今では仕事終わりの料理タイムが至福の時です。料理を仕事にしていても、食べてくれる人を想いながら作るのは、私自身の身も心も満たされてとても幸せな気持ちになります（特に肉の下処理と揚げ物をしている時が無になれて好き）。

肉料理は愛情を伝えるツールでもあります。レシピの分量を覚えるのは大変ですが、テクニックは何度も作るうちに自然に身につきます。繰り返し作って肉テクニシャンになってください。味つけやアレンジも自由自在、コスパの良さは手作りならでは。ぜひ楽しんで料理していただきたいです。

最後に本書にご協力くださった皆さま、手に取ってくださった皆さまに心より感謝と御礼を申し上げます。スーパーで買える肉で作った肉料理が皆さまの血となり肉となり、毎日が健康で幸せな生活を送っていただけますよう心よりお祈り申し上げます。

長田絢（おさだあや）

株式会社JapanFoodExpert代表取締役、料理研究家、栄養士。
1982年2月4日生まれ。幼少の頃はプロダクションに所属し子役として活動。20歳で長男を出産後、食と健康の大切さに目覚め、分子栄養学、人体学などを独学。27歳で高卒認定試験に合格後、大学入学と同時にJapanFoodExpertを創業。在学中、生産地を訪問し勉強を重ね、食材卸や料理教室などの事業をスタート。特に肉・肉料理に関しては、狩猟免許も取得し専門店のコンサルティングも手掛けるなど専門家として活躍。その他にも、テレビ番組のコメンテーターや料理番組、食品や飲料メーカーのCMに多数出演し、企業や行政のレシピ制作、フードコーディネートを行う。また講演会や、地域の特産品商品開発やイベント企画など食の分野で幅広く活動中。NPO活動では児童養護施設の子ども達向けに食育と自立を支援して料理を教えている。

公式サイト https://jfe-aya.jp/
Instagram　https://www.instagram.com/ayaosada_/
YouTube「おさだあやの食卓」
https://www.youtube.com/channel/
UCemuwLuElv6tgAvWHAwXbg

ユニ

漫画家。
会社員として勤務しながら趣味で描いた漫画が編集者の目に留まり、『憎らしいほど愛してる』（KADOKAWA）でデビュー。2019年に漫画家として独立し、大学院へ進学。現在、働く女性を題材にした『ヒトゴトですから！』（祥伝社）を連載中。

公式HP　https://www.yuniyuni.info/
Twitter　https://twitter.com/y_un_i

スタッフリスト

装丁：小口翔平（tobufune）

本文デザイン・DTP：横地綾子（フレーズ）

撮影：松原伸一郎、高倉弘幸（スタジオプルミエ）

調理アシスタント：濱川理恵、伊藤美和子、倉橋良幸

取材・食材協力：杉本食肉産業株式会社、太田油脂株式会社、株式会社秋田屋本店

食器協力：土岐商工会議所、株式会社カネコ小兵製陶所、SAKUZAN、藤田陶器Felice

校正：鷗来堂

構成・編集協力：綛谷久美

スーパーで買える「肉」を最高においしく食べる100の方法

2020年10月20日　第1刷発行

著　者――長田絢、ユニ
発行所――ダイヤモンド社
〒150-8409　東京都渋谷区神宮前6-12-17
https://www.diamond.co.jp/
電話／03·5778·7233（編集）　03·5778·7240（販売）
製作進行――ダイヤモンド・グラフィック社
印刷――――勇進印刷
製本――――ブックアート
編集担当――横田大樹

©2020 Aya Osada, Yuni
ISBN 978-4-478-11141-3
落丁・乱丁本はお手数ですが小社営業局宛にお送りください。送料小社負担にてお取替えいたします。但し、古書店で購入されたものについてはお取替えできません。
無断転載・複製を禁ず
Printed in Japan

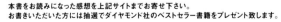

本書の感想募集　http://diamond.jp/list/books/review

本書をお読みになった感想を上記サイトまでお寄せ下さい。
お書きいただいた方には抽選でダイヤモンド社のベストセラー書籍をプレゼント致します。